굿 오피스

굿 오피스

초판 1쇄 인쇄 2022년 08월 29일
초판 1쇄 발행 2022년 09월 16일

지은이 김홍재
펴낸이 최익성

기획 이유림, 김민숙
책임편집 정대망

마케팅 총괄 임동건
마케팅 임주성, 홍국주, 김아름, 신현아, 김다혜, 이병철
마케팅 지원 안보라, 안민태, 우지훈, 박성오, 신원기, 박주현, 배효진
경영지원 임정혁, 이순미
펴낸곳 플랜비디자인
디자인 박은진

출판등록 제2016-000001호
주소 경기도 화성시 첨단산업1로 27 동탄IX타워 A동 3210호
전화 031-8050-0508 **팩스** 02-2179-8994 **이메일** planbdesigncompany@gmail.com
홈페이지 https://www.planb.ac

ISBN ISBN 979-11-6832-032-1 03320

몰입을 만드는 업무 공간과 사람들

굿 오피스

HOME OFFICE
WORK FROM HOME

REMOTE WORK
FLEXIBLE WORK

WORKATION
OPEN WORKSPACE

MOTIVATION
TALENT RETENTION

MENTORING
JOB ROTATION

CONTINGENCY PLAN
GREAT RESIGNATION

| 김홍재 지음 |

PlanB DESIGN 플랜비디자인

차례

들어가며   8

1부   재택주의 vs 출근주의

---

1   재택주의: 일하는 시간과 장소는 내가 정한다   17
재택근무 다음은? 다양한 방식의 뉴노멀

2   출근주의: 팬데믹 이전으로 돌아가는 실수   28
팬데믹이 오기 전에 재택근무를 선택한 기업

3   휴가는 당연히 셀프 결재   38
휴가 제도 깨부수기

4   컨틴전시 플랜 1   49
귀찮아도 매년 모의훈련까지 해야 하는 이유

5   컨틴전시 플랜 2   62
다음 팬데믹이 내일 발생한다면,

2부 워크플레이스 리셋 옵션

1 상무님! 전무님! 방에서 뭐하세요?   83
형태는 기능에 따른다

2 지금 오피스 레이아웃 괜찮아요?   91
나와 우리 팀을 위한 선택

3 오픈형 워크스페이스의 장단점   101
두 가지 시선, 무엇을 보는가? vs 어떻게 보는가?

4 워크플레이스의 무한 확장   111
우리나라에서 워케이션이 어려운 이유

5 홈오피스 1   128
세상 어디에도 없는 나만을 위한 맞춤형 업무공간

6 홈오피스 2   137
홈오피스 = 집+사무실, 쉽지 않은 공기

3부 굿 오피스 내재화 기술

1 워라밸의 넥스트 레벨 149
요즘 집나간 Motivation

2 넷플릭스를 좋아하는 다른 이유 154
무제한 휴가라니!

3 실무형 멘토링 전문가를 본 적 있나요? 162
선순환의 시작을 만드는 HR 전문가

4 멘토링은 페어링이 90% 178
멘토도 좋은 멘티를 만나야

5 멘토도 멘토링 받고 싶다 191
다양한 멘토링 방법

6 잡 로테이션 203
신입 MZ의 조직 조기 이탈 방지 기술

4부   휴먼웨어 업그레이드 패치

1   **About 휴먼웨어**   217
I'm cared

2   **사교육의 성과가 높은 이유**   221
휴먼웨어에 대한 투자 방법

3   **차이를 차별하지 않는 실수**   230
잘하고 있는 우리 기업들의 최대 약점

4   **ESG 경영과 휴먼웨어**   237
귀찮다, 모르겠다가 통하지 않는 일

5   **Empathy in HR**   245
유능한 HRD 담당자의 중요성

마지막 세 줄 요약   255

●

들어가며

외국계 회사에 근무하면서 파견근무와 출장으로 미국, 유럽, 홍콩, 도쿄, 싱가포르의 오피스를 방문할 기회가 많았습니다. 학교를 졸업하고 조직생활을 시작한 2005년부터 해외의 클라이언트나 본사를 방문할 때마다 재택근무, 리모트워크와 유연근무로 일하는 사람들을 쉽게 볼 수 있었습니다. 단순한 재택근무와 유연근무뿐만 아니라 유럽에서는 워케이션이 자연스럽게 근무방식의 하나로 조직에 녹아들었습니다. 요즘 언급되는 우리의 워케이션과 다른 논리와 방식으로 워케이션을 근무 방식의 하나로 활용하고 있었습니다. 2005년이면 아이폰이 세상에 나오기 전의 일입니다. 블랙베리 휴대폰으로 공항에서 업무를 확인하고, 팩스를 대신하는 로터스노츠와 아웃룩 이메일을 사용하기 시작하던 무렵의 일입니다. 기술적으로 지금보다 훨씬 미흡했던 상황이어도 이미 재택근무와 유연근무는 꽤 오래전에 시작되었습니다. 하지만 우리나라에서는 팬데믹의 끝을 이야기하는 지금 출근이 재개되면서 재택근무는 줄어들거나 사라지고 있습니다. 지난 2년간 확인할 수 있었던 재택근무의 장점은 이대로 소멸되어야 할까요?

다양한 근무 방식과 관련하여 축적된 경험과 노하우가 외국 기업에 비해 부족한데 더해서 우리나라에는 재택근무 및 리모트워크와 관련한 노동법의 규정이 없습니다. 노동법률과 근로기준법에 재택근무라는 단어는 존재하지도 않습니다. 지금 우리나라에서 시행하고 있는 재택근무는 회사의 취업규칙에 따르거나, 단체협약, 근로계약서, 별도의 서면 동의를 통한 당사자 간의 약정에 따를 수밖에 없는 현실입니다. 근로기준, 산업재해, 비용 부담 등의 문제가 속출하기 전에 재택근무와 관련한 법률의 제정이 시급한 상황입니다. 고용노동부는 2022년 하반기에 재택근무와 관련한 노동법과 근로기준법에 대해 연구를 시작할 계획입니다. 연구를 수행한 뒤에, 개정이나 제정을 위한 법률 초안이 나오고, 국회 통과 및 시행을 위해서는 아직 더 많은 시간이 필요한 상황입니다.

하지만, 법에 의해 재택근무를 직원의 권리로 보장하고 세부사항을 법률로 정한 국가는 이미 많습니다. 2022년 6월까지 확인할 수 있는 유럽의 국가는 벨기에, 그리스, 노르웨이, 독일, 포르투갈, 러시아, 슬로바키아, 스페인, 프랑스, 우크라이나가 있습니다. 전쟁이 발발하기 전 2021년 우크라이나는 재택근무 관련 법규의 제정을 완료하였습니다. 이외에도 타이완, 터키, 멕시코, 아르헨티나, 브라질, 콜롬비아, 칠레, 아프리카의 앙골라도 있습니다.

책에서는 재택근무와 다양한 모습의 리모트워크, 그리고 유연근무가 잘 구현되고 있는 일 잘하는 사람들의 굿오피스를 다룰 것입니다. 외국 기업의 모범 사례, 제도, 노하우를 분석하였고, 우리 기업과 구성원들이 놓치고 있는 부분을 짚어볼 것입니다.

재택근무를 급발진시킨 이번 팬데믹의 첫 고비는 부족했던 마스크 구하기에서 시작되었습니다. 2020년 3월 전 세계 주식시장이 폭락하면서 투자자들은 충격과 공포를 느꼈습니다. 회사에서는 재택근무를 위해 필요한 노트북을 제공하고, 영상회의와 재택근무에 필요한 프로그램 사용법을 교육하였습니다.

모두가 혼란의 시작을 맞이할 때, 잘 준비된 조직은 위기 속에서 기회를 포착하고 매출을 급증시킬 수 있었습니다. 진단 키트를 만들어 수출하는 바이오 기업과 빠르게 디지털 트랜스포메이션을 완성한 미디어 기업과 테크놀로지 기업들이었습니다. 재택근무를 처음 경험하는 회사가 대부분이었지만, 이미 재택근무가 익숙한 구성원이 많은 회사도 있었습니다. 미리 잘 준비했던 기업은 재택근무 상황에서도 업무 효율을 타협 없이 지켜낼 수 있었습니다. 팬데믹의 큰 고비를 여러 번 잘 넘긴 지금 조직에서 중요하게 생각해야 할 것들을 짚어낼 수 있어야 합니다.

다음 팬데믹이 내일 발생한다면, 이번 팬데믹의 초기 상황보다 잘 대응할 수 있을까요? 비즈니스를 잘 지켜낼 수 있을까요? 경험으로 노하우가 생겼기 때문에 이번 코로나 팬데믹보다 어려움의 크기는 작게 느껴질 것입니다. 그러기 위해서는 팬데믹을 통해 드러난 문제 상황을 정리하고 분석하는 시간이 지금 필요합니다.

팬데믹이 아닌 다른 이유로 위기가 발생한다면, 어떻게 대응해야 할까요? 조직에 위기가 발생했을 때를 가정하고 미리 만들어 두는 대응 계획을 '컨틴전시 플랜Contingency Plan'이라고 합니다. 팬데믹은 글로벌 기업의 컨틴전시 플랜에서 다루는 단 한 가지의 시나리오에 불과합니다. 컨틴전시 플랜에 포함되는 다른 시나리오와 대응에 대해 미리 확인하고 준비해 두어야 하는 시점입니다.

1장 〈재택주의 vs 출근주의〉에서는 출근이냐 재택이냐를 고민하는 팬데믹 이후 우리의 모습과 달리 팬데믹이 오기 전에 재택근무를 일찍 도입했던 해외 기업의 사례를 살펴봅니다. 재택과 출근이 단순하게 결합한 하이브리드 근무를 넘어서 새로운 리모트워크를 하는 기업의 모습도 살펴봅니다. 스마트한 휴가 사용 방법과 컨틴전시 플랜을 1장에서 다룹니다.

2장 〈워크플레이스 리셋 옵션〉에서는 재택근무가 도입된 지금 우리의 오피스는 변화하는 상황에 적합한 모습인지 살펴봅니다. '형태는 기능에 따른다. 사람(구성원)은 공간(오피스)에 반응한다'를 잘 반영한 오피스 레이아웃은 어떤 모습일까요? 휴식과 업무, 두 마리 토끼를 노리는 워케이션의 장점과 워케이션이 우리나라에 자리 잡기 힘든 이유를 분석하였습니다. 홈오피스는 세상 어디에도 없는 나만을 위한 최적화 업무 공간이지만, 집의 기능에 단순히 오피스 기능을 하나 더 추가한다는 생각으로 완성되는 공간이 아닙니다.

우리는 팬데믹이 2년 이상 길어질 수 있음을 경험했습니다. 2년 동안 구성원들의 업무 습관과 근무 방식은 변화했습니다. 기존의 조직과 미비한 제도는 2년 동안 달라진 구성원에게 더 이상 꼭 맞는 옷이 되지 못합니다. 조직의 제도와 교육에도 변화가 반영되어야 합니다.

3장 〈굿 오피스 내재화 기술〉에서는 포스트 팬데믹 시대에 휴가 제도는 어떤 모습이어야 하는지, 에듀테크의 발전과 함께 더욱 필요한 멘토링, MZ 신입의 조직 이탈 방지를 위한 Job Rotation에 대해 살펴봅니다.

4장 〈휴먼웨어 업그레이드 패치〉에서는 기업의 가장 소중한 자산인 휴먼웨어를 조직이 잘 다루고 있는지, 부족했던 역할은 없는지 살펴봅니다. 현재의 시스템을 갈아엎는 방법으로 대안을 제시하는 것이 아니라, 업그레이드를 위한 패치 규모의 수정과 보완으로 세심하게 휴먼웨어의 성장을 도울 수 있는 아이디어를 제안합니다.

일 잘하는 사람들의 굿 오피스가 궁금한 독자, 다양한 근무 형태를 알고 싶은 독자, 변화를 시도하고 있는 HR 전문가, 재택근무 관리에 어려움을 겪고 있는 담당자, 그리고 굿 오피스를 만들어 일하고 싶은 분들이 읽고 인사이트를 얻을 수 있는 책이 되기를 바랍니다.

2022년 8월

김홍재

GOOD
OFFICE

1부

재택주의 vs
출근주의

1

재택주의:
일하는 시간과 장소는 내가 정한다

(재택근무 다음은? 다양한 방식의 뉴노멀)

빌딩이나 공장에 있는 사무실로 출근해서 일하는 단 한 가지의 근무 방식만 익숙했던 우리나라에 새로운 업무 방식 중의 한 가지인 '재택근무'는 이제 '뉴 노멀'의 영역에 들어와 있습니다. 재택근무는 팬데믹을 통해 강제로 우리나라에 자리 잡게 되었지만, 재택근무 외에도 다양한 '새로운 업무 방식New Ways of Working'들이 있었습니다. 해외에서는 2000년대에 들어 IT와 인터넷 기술이 발전하면서 이러한 새로운 근무 방식에 대한 연구가 이미 활발했고, 유럽과 미국에서는 팬데믹 이전에 새로운 근무 방식을 도입한 회사가 많습니다.

부분 재택근무/완전 재택근무, WFH

우리는 팬데믹 때문에 '완전 재택근무'를 하고 있습니다. 재택근무를 처음 연구하고 시도할 때에는 출근과 재택을 혼합하는 '부분 재택근무'와 '완전 재택근무' 두 가지 형태로 시작되었습니다. 재택근무를 영어로는 WFHWork From Home 또는 WAHWork At Home라고 말합니다.

원격근무

전통적인 사무실 집합 업무 형태를 영어로는 'Co-located Work' 또는 'On-site Work'라고 부르고, 이와 다른 방식, 사무실이 아닌 곳에서 근무하는 형태를 '원격근무', '리모트워크Remote Work'라고 합니다.

위성근무

구성원의 장거리 출장이 빈번한 조직은 팀원들이 모두 같은 사무실에 모여 일하는 시간보다 그렇지 못한 시간이 훨씬 더 깁니다. 그럼에도 장소에 구애받지 않고 각자의 위치에서 업무 연속성을 확보하여 일하는 형태입니다. 일시적으로 구성원들이 'Co-located' 상태를 유지하기도

하지만, 주로 업무를 하는 형태는 '위성근무Satellite Worker'가 됩니다.

출산을 앞둔 직원이 팀원과 장시간 떨어져 일하거나, 다른 이유로 팀원과 같은 곳으로 출근할 수 없는 경우에도 활용하는 방식입니다.

거점근무

해외에서 먼저 언급되었지만, 국내에서 더 활발하게 시도되었던 것이 거점근무Hub Office입니다. 대기업이 규모가 큰 하나의 오피스를 두는 것이 아니라, 시내에 중소형 허브 오피스를 여러 군데 확보하고, 직원은 가깝고 편리한 위치의 허브 오피스에 출퇴근하는 방식입니다.

국내 대기업들이 도입한 사례가 있습니다. 예를 들어 AA라는 그룹사는 A1-석유화학기업, A2-금융기업, A3-소프트웨어 개발기업, A4, A5, A6, … 등 많은 계열사를 가지고 있고 시내에 3개의 거점 오피스만을 확보하고 유지합니다. 필요한 경우에는 경기도의 베드타운에 거점 오피스를 추가하기도 합니다. A1, A2, A3, … 등 개별 회사에 속한 직원은 AA 그룹에서 운영하는 3개의 거점 오피스 중에서 가깝고 편리한 곳으로 출근하여 일하는 형태입니다.

유연근무

출퇴근 방식뿐만 아니라, 근무 시간과 휴가를 사용하는 기간에도 유연성을 확보하는 방식입니다. 초기 도입 단계에서 유연근무Flexible Work는 집중 업무 시간을 정하고, 출퇴근 시간에 한두 시간 정도 유연성을 만드는 정도였습니다. 지금은 심야 시간에 해외에서 주도하는 영상회의나 컨퍼런스 콜에 참석하는 업무의 비중이 높은 직원의 주 근무시간을 심야시간으로 옮기는 것과 같이 근무시간을 유연하게 조정하는 방법도 활용됩니다. 그리고 육아나 자녀의 통학 도우미가 되어야 하는 경우 한시적으로 근무 시간과 휴가를 유연하게 사용하기도 합니다. 유연근무를 제대로 이해하면, 법정 근무 시간만 채우면 되는 방식으로 발전합니다. 그러면 주 40시간 근무만 수행할 수 있다면, 주 4일 또는 4.5일 근무 방식도 구현할 수 있습니다.

모바일워크, 노마드워크 등

언급한 내용 이외에도 Mobile work, Nomadic work라는 새로운 근무형태가 있습니다. 초기에는 Tele-work, Tele-commuting이라는 말을 사용했습니다.

디자인 기업, 소프트웨어 기업, 컨설팅 기업 중에는 사무실을 두지 않는 회사가 있습니다. 직원들은 모바일로 소통이 가능하기만 하면 일하는 장소에 대해 아무런 제약을 받지 않습니다. 사무실 출근을 완전히 배제한 회사는 팀원 간 소통을 위해 분기별로 오프사이트 이벤트Off-site event를 개최합니다. 사무실을 임차하지 않아도 성과를 낼 수 있기 때문에 사무실 유지와 관련한 고정비 지출을 '제로'로 만들 수 있습니다. 그렇게 아낀 비용을 모든 구성원들이 주기적으로 모이게 하는 이벤트 비용으로 사용합니다. 고급 리조트나 휴양지 호텔에 오프사이트 이벤트를 열고, 일주일 동안 함께 회의하고 일하는 방식을 지속해도 비용 부담은 임차한 사무실을 유지하는 것보다 낮습니다. 중소 규모의 지식/정보 서비스 기업이나 스타트업이 초기에 활용하기 좋은 근무 방식입니다.

이러한 '새로운 업무 방식'을 '뉴 웨이 오브 워킹New Ways

of Working, NWoW'이라고 부릅니다.

새로운 업무 방식을 생각할 때 주의할 점

첫째, 조퇴와 유연근무를 구분해야 합니다. 아침에 출근해서 일하다가 심야에 있을 두 시간 해외 컨퍼런스 콜에 참여하기 위해 두 시간 일찍 퇴근하는 팀원을 조퇴로 생각하지 않고 유연근무자로 인식해야 합니다.

둘째, 근무 형태가 자유롭고 유연하다는 점을 이유로, 프리랜서를 새로운 업무 방식과 혼동하지 말아야 합니다. 프리랜서는 1인 사업의 주체이며, 조직의 구성원을 위한 새로운 근무 방식을 연구, 분석하는 일과 본질적으로 다른 영역에 있습니다.

셋째, 시간이 필요합니다. 짧은 시간에 새로운 근무 방식이 완전히 자리 잡을 수 없습니다. 시행착오가 발견되면 새로운 업무 방식에 대해 회의적인 팀원이 생길 수밖에 없습니다. 시행착오를 분석하고 수정하면서 각 조직에 맞는 방식을 만들 수 있도록 끊임없이 연구하는 담당자를 두고, 전문가를 양성해야 합니다. 따라서 경영진Top management level의 관심과 지원이 필수입니다.

그러면, 직접 경험하거나 아주 가까운 곳에서 본 새로운 업무 방식으로 일하는 해외의 사례를 살펴보겠습니다.

사례 1: 점심 식사를 하지 않는 보험계리사 동료 G

같은 회사에 근무하던 홍콩인 동료 G는 점심을 거르는 식습관을 가지고 있었습니다. 보험계리사로 일하는 동료 G는 홍콩의 규칙에 따라 주 37.5시간, 매일 7.5시간을 일해야 합니다. 계리사는 비교적 혼자 일하는 시간이 많은 직군이고, 점심을 거르는 식습관을 가지고 있어서 매일 낮 12시에 출근하고 저녁 7시 30분에 퇴근하는 것으로 근무시간으로 고정하였습니다. 동료 G는 오전 시간에 열정적으로 몰입하는 취미를 가졌고, 낮 12시에 출근해서 점심 식사를 거르고 7시 30분까지 일을 했습니다. 그리고 출근해서 사무실에서 일하는 날과 재택근무를 하는 날을 50:50으로 유지하였습니다.

홍콩 사무소 소속인 동료 G는 서울 사무소로 1주일간 출장을 왔습니다. 1주일간의 출장 업무가 끝난 후에도 홍콩으로 복귀하지 않고 한 달 동안 서울 사무실에서 더 근무하기로 했습니다. 그 기간에는 홍콩사무소의 업무는 온라인으로 하면서 퇴근 후에는 한국인 친구를 만나고 서울 생활을 경험하고 돌아갔습니다.

홍콩 계리사였던 친구가 일했던 방식은 '유연근무＋부분 재택근무＋위성근무' 형태의 '새로운 업무 방식NWoW' 입니다.

사례 2: 미국인의 가족 문제를 해결해 준 아시아 유랑근무

미국인 동료 A는 미국에서 근무하다가 가족 문제를 이유로 일본 도쿄로 이주relocation했습니다. 동료의 일본인 아내는 유학시절부터 미국에 오래 지내고 있었기 때문에 도쿄에 계신 부모님과 오랫동안 가까이 함께 하지 못하고 있었습니다. 그리고 건강이 악화되고 있었던 부모님과 마지막으로 함께 할 수 있는 시간이 짧게 남았을 때였습니다. 도쿄에서 근무하게 된 동료의 소속은 미국 법인이었지만, 일본에 거주하면서 근무지는 서울, 홍콩, 베이징인 상황이었습니다. 항상 서울과 홍콩, 베이징을 오가며 일하고 도쿄로 퇴근하는 근무 형태를 2년 동안 유지하였고, 2년 동안 개인의 커리어도 쌓고 가족 문제도 해소할 수 있었습니다. 동료 A가 동아시아 근무를 하는 2년 동안 회사도 아시아 비즈니스를 성공적으로 확장할 수 있었고, 동료 A와 그의 상사도 만족했었던 방식입니다. 글로벌 커리어를 위해 매진하는 외국인 인재들과 일하면서 비슷한 어려움과 아픔을 종종 가까이에서 볼 수 있었습니다.

미국인 동료 A가 일했던 방식은 '위성근무＋노마드근무＋완전 재택근무' 형태의 '새로운 업무 방식NWoW'입니다.

사례 3: 한국 출신 입양인에게 평생의 선물이 된 시간

외국 회사의 한국 지점에서 근무할 때, 미국 지점에서 근무하던 한국 출신 입양인 M이 한국 사무실로 출근하는 날이었습니다. 한국어를 전혀 할 줄 몰랐지만 미국에서 성장하면서 언젠가 한국에 대해 알고 싶어 했던 M은 한 달 동안 서울에서 근무하기로 했습니다. 첫날은 서울 사무소의 근무시간에 맞추어 출근했습니다. 다음 날부터 미국에 있는 상사와 일을 해야 하는 날에는 미국 시간에 맞추어 늦은 밤에 레지던스에서 온라인으로 근무하고, 그렇지 않은 날에는 서울 사무소에 출근했습니다.

한국어를 습득하고, 한국을 알고 싶어 했던 직원에게 심리적인 만족을 확보해주기 위해 회사와 M은 적절한 시기를 조율하였고, 한국계 미국인 M은 만족스럽게 서울 사무소 근무를 경험하였습니다.

미국에서 온 M이 서울 사무소에서 일했던 방식은 '위성근무+유연근무+부분 재택근무' 형태의 '새로운 업무 방식NWoW'입니다.

NWoW & Diversity

변화를 거부하고 기존의 방식을 고수하면서, 빠르게 변화하는 비즈니스 상황에서 이기겠다는 생각은 무모한 상상일 뿐입니다. 새로운 근무 방식을 도입하고, 유능한 인재들을 채용해서 지켜내고 성장할 수 있도록 '다양성Diversity'을 존중하는 방향으로 변화를 만들어 가야 할 때입니다.

해외의 기업은 유능한 직원이 정서적으로 안정감을 가지고 업무에 집중할 수 있도록, **라이프스타일(사례 1), 가족문제(사례 2), 버킷리스트(사례 3)**를 함께 고민하고 새로운 근무 방식을 도입하여 솔루션을 제공하였습니다. 세 가지의 사례는 모두 팬데믹과 관련이 없는 시기에 있었던 근무 방식입니다. 2022년 포스트 팬데믹 시대에 우리가 적응하고 있는 재택근무보다 훨씬 복잡하고 어려운 시도였습니다. 새로운 근무 방식의 목적도 단순히 팬데믹 상황에 직원의 안전을 위한 것이 아니라 직원이 필요를 느끼는 것이라면 목표로 설정하고 직원과 상사, 회사는 머리를 맞대고 솔루션을 찾았습니다. 직원의 다양성Diversity을 존중하고 실제로 포용Inclusion할 수 있을 때 유능한 인재들에게 매력적인 회사로 인식될 수 있고, 직원의 업무 몰입도를 높일 수 있습니다. 비즈니스 경쟁에서 이길 수 있는 기업의 힘은 결국 유능한 인재의 확보와 활용에 있기 때문입니다.

☑ **세 줄 요약**

① 일하는 시간과 장소를 정하는 건 나

② 유럽과 미국은 팬데믹 이전에도 재택근무

③ 유능한 인재 확보를 원한다면 다양성을 존중하고 포용

2

출근주의:
팬데믹 이전으로 돌아가는 실수

(팬데믹이 오기 전에 재택근무를 선택했던 기업)

우리나라에서는 팬데믹을 계기로 재택근무가 짧은 시간에 널리 확산되었습니다. 물론 팬데믹 이전에도 재택근무와 원격근무를 시도하는 회사가 여럿 있었지만, 조직의 효율성에 문제를 제기하며 제대로 자리잡지 못한 상황이었습니다. 하지만 해외에서는 이미 2000년대 중후반부터 재택근무와 원격근무를 시행하는 회사가 많았고, 10년이 넘게 꾸준히 일하는 방식에 대한 연구와 실험을 해왔습니다.

우리나라 기업이 재택근무와 원격근무를 적극적으로 도입한 것은 2020년이었고, 이유는 팬데믹 상황에서 안전을 확보하기 위함이었습니다. 하지만 해외의, 특히 유럽과 미국의 금융회사들이 2000년대 중반부터 재택근무와 원격근무를 도입한 배경에는 우리가 겪은 상황과 완전히 다른 이유가 있었습니다. 우리가 비자발적으로 재택근무를 도입했었다면, 해외의 금융회사들은 자발적으로 효율을 높이기 위해 재택근무와 원격근무를 선택했습니다. 초기에 발견된 문제점에 대해서는 기술적으로 주로 IT 기술의 도움을 적극적으로 활용하여 해결하려고 했습니다.

1. 2009년 미국, 탄소배출량을 줄이기 위한 작은 시도

2009년, 저는 근무하던 회사의 본사가 있는 미국 동부 뉴저지에서 파견근무를 해야 했습니다. 태양광 발전, 풍력 발전, 연료전지와 같이 신재생에너지 분야를 다루는 미국인 상사인 피터를 처음으로 만날 기대를 안고 뉴저지 헤드쿼터에 출근했습니다. 하지만 피터는 주로 재택근무를 하는 중이었고, 가끔 사무실에 나와 일하는 패턴을 가지고 있었습니다. 파견근무를 시작한 후에 일주일이 지나고 사무실에서 피터를 처음 만나 재택근무를 하는 이유에 대해 들을 수 있었습니다. 헤드쿼터 소속의 피터와 일하는 부하직원 대부분은 유럽과 아시아에서 근무하고 있고, 미국 본사에 소속된 부하직원도 모두 미국 전역의 다른 도시에 근무하고 있어서 사무실에 매일 출근할 필요를 느끼지 못했다고 합니다.

그런 상황에서 피터가 먼저 재택근무를 하기로 결정했고, 매일 출퇴근을 위해 왕복 40마일(약 64km)을 운전하면서 발생시키는 탄소 배출을 줄일 수 있다는 것을 알게 되었습니다. 그리고 신재생에너지 분야를 담당하는 미국과 유럽의 부하직원에게도 적극적으로 재택근무를 권하기 시작했습니다.

신재생에너지 보험상품을 개발하는 임원인 피터를 통해 재택근무를 시작하는 직원이 점점 늘었습니다. 물론 소수의 직원이 재택근무로 전환했다고 해서 대단한 양의 탄소 배출 저감을 이룰 수도 없고 지구온난화 방지에 큰 기여를 했다고 볼 수는 없지만, 지금까지 피터와 직원들이 적극적으로 재택근무를 선택하고 10여 년 동안 감소시킨 탄소 배출량은 결코 적지 않을 것입니다.

2. 2012년 스위스, 워라밸이 이유

2012년 스위스 회사에 일하는 동료는 해외 출장이 잦은 편이었습니다. 일 년에 절반 이상을 해외 출장지에서 근무하는 편이라 사무실이 있는 스위스의 도시 취리히에 머무는 시간보다 그렇지 않은 시간이 많았습니다. 그리고 그 동료의 아내는 취리히에서 한 시간 이상 떨어진 다른 도시에서 제약회사의 연구원으로 이직하게 되었고, 동료는 상사에게 먼저 재택근무가 가능하겠냐고 묻고 그렇게 하기로 했습니다. 잦은 출장으로 사무실 출근이 많지 않아 그 동료는 대부분의 일을 원격으로 수행하고 있었고, 아내의 회사가 있는 다른 도시로 가족이 이주해 그곳에서 재택근무를 하였습니다. 그리고 다른 도시로 이주한 뒤로, 그는 분기별로 있는 팀 개더링과 유닛 아우팅에 참석하여 함께 일하는 팀원들을 만나기로 했습니다.

재택근무의 이유가 가족의 이주였던 사례입니다. 워라밸을 확보하기 위해 회사에 먼저 재택근무를 제안한 것은 동료였고, 그의 업무 능력이 팀에 필수적인 것이라 생각한 팀장은 재택근무 제안을 적극적으로 수용하였습니다.

3. 2014년 싱가포르, 사무실 공간의 효율적 활용

싱가포르 오피스는 근무하고 있던 재보험회사의 아시아 지역본부 역할을 하는 중요한 위치에 있었습니다. 그래서 싱가포르에서 근무하는 동료들은 아시아 각국으로 출장을 다니는 일이 빈번했고, 사무실에는 항상 출장 중인 동료들로 인해서 빈자리가 많았습니다. IT 기술이 발전하면서 출장 중에도 호텔이나 공항 라운지에서 일을 해야 할 때에도, 별다른 어려움 없이 업무를 처리할 수 있었습니다. 때마침 사무실 이전 계획이 있었고, 새로운 사무실의 공간 배치floor plan를 계획하면서 80개 정도의 워크스테이션(큐비클과 파티션으로 구분된 1인 업무 공간)만 만들기로 했습니다. 당시 싱가포르의 아시아 본부에서 근무하는 직원은 대략 100명 정도였습니다.

해외 출장이 많은 싱가포르 사무실의 직원들 때문에 사무실 책상은 항상 절반 정도는 비어있는 상황이었고, 회사에서는 그런 상황을 고려하여 소속된 직원 100명보다 적은 80개의 워크스테이션만 만들기로 결정하였습니다. 그리고 지정된 자리가 없는 자율좌석제를 도입하였습니다.

직원들보다 더 많이 출장을 다니는 싱가포르 사무실의 임원들도 출장 중일 때는 자신의 오피스를 언제든지 회의실로 사용할 수 있게 했습니다. 시스템을 통해 출장 중인 임원의 오피스를 회의실로 예약할 수 있도록 시스템을 변경하는 작업을 거쳤습니다. 덕분에 이사를 하면서 회의실의 숫자와 회의실로 사용되는 면적도 크게 줄일 수 있었습니다.

매출을 높이는 방법으로 이익을 높일 수 있지만, 현명하게 비용을 줄이는 방법으로도 기업은 이익을 늘일 수 있습니다. 오피스 임차료가 비싼 싱가포르에서는 재택근무와 원격근무가 가능한 상황에서 직원의 수보다 적은 80개의 워크스테이션을 만들었습니다. 또한 자주 비어있는 임원의 방을 회의실로 예약하여 사용할 수 있는 방법을 택하면서, 사무실 면적을 줄이고 임차료를 절약하는 방법으로 기업은 이익의 증가를 이룰 수 있었습니다.

4. 2015년 홍콩, 급격한 매출 상승기에 활용한 재택근무

싱가포르만큼 오피스 임대료가 비싼 홍콩의 금융 브로커 회사는 급격한 매출의 상승기를 겪었습니다. 새로 영입한 영업 임원이 규모가 큰 계약을 성사시켰고, 몇 달 사이에 직원의 수가 두 배로 증가하게 되었습니다. 임차료 협상을 위해 사무실을 다년간 사용하기로 계약해둔 상황이라 바로 이사를 하기 어려웠고, 사무실이 위치한 홍콩섬의 센트럴과 가까운 지역에 딱 맞는 규모의 사무실을 구하는 것도 쉽지 않았습니다.

회사는 넓은 사무실로 이사할 때까지 꼭 사무실 출근이 필요한 부서와 재택근무를 해도 좋은 부서를 구분하였습니다. 그리고 재택근무자를 선별하는 과정에서 사무실이 위치한 홍콩섬과 거리가 먼 지역에 살고 있는 직원에게 우선적으로 재택근무를 할 수 있도록 배려하였습니다. 홍콩섬에 거주하고 있는 직원들은 출퇴근이 쉬운 편이지만, 신계지구New Territory나 디스커버리 베이Discovery Bay 지역에서 출퇴근하는 직원들은 출퇴근을 위해 배를 타야 하는 경우도 있었습니다.

재택근무를 적절하게 결정하고 시행하며 회사는 당장 직원이 두 배로 증가하는 상황에서도 효과적으로 비즈니스를 수행할 수 있었고, 나중에 사무실 이전을 한 이후에도 적극적으로 재택근무를 시행하고 있습니다.

팬데믹 상황에서 2020년에 우리가 재택근무와 원격근무를 시작하게 된 이유와 많이 다른 이유로 여러 글로벌 기업은 재택근무와 원격근무를 도입하여 시행하고 있었습니다. 지금보다 IT 기술이 발달하지 못했던 10여 년 전부터 재택근무를 시행하면서 처음에는 어려움이 있었습니다. 재택근무를 돕는 IT 소프트웨어의 수준도 지금보다 미흡한 점이 많았습니다. 재택근무에 효과적인 커뮤니케이션 방법도 잘 알려지지 않았던 상황이었습니다. 그럼에도 글로벌 기업들은 발견되는 문제점과 시행착오를 꾸준히 분석하면서 재택근무와 더 나아가 유연근무제도를 발전시켜오고 있습니다.

팬데믹으로 인해 강제로 재택근무를 도입한 2020년 한국에서는 잘 준비된 조직과 그러지 못했던 조직은 차이를 드러나기 시작했습니다. 잘 준비된 조직은 팬데믹으로 인해 재택근무를 해야 하는 직원의 멘탈 관리를 돕는 아이디어를 고민했습니다. 재택근무자의 심리적 퇴근을 돕는 아이디어를 제공하고 필요한 경우에는 전문 심리상담 서비스를 제공하기도 하였습니다. 영상회의와 메타버스 공간에서 업무를 할 때 필요한 매너와 효과적인 커뮤니케이션 스킬에 대한 교육기회를 제공하였습니다. 잘 적응한 조직은 앞에서 이야기한 재택근무의 장점들을 흡수하면서 앞으로 팬데믹 이후의 상황에도 재택근무를 혼용할 것입니다. 그러면 유능한 직원의 워라밸을 보장해 줄 수 있고, 이는 직원의 높은 생산성으로 이어질 것입니다.

반대로 준비되지 못한 조직에서는 재택근무로 인한 스트레스가 높아졌다는 인터뷰를 볼 수 있었습니다. 그런 조직에서는 팬데믹 상황이 지나면 다시 팬데믹 이전으로 돌아가는 실수를 선택할 가능성이 높으며 재택근무의 장점들을 놓치기 쉬울 것입니다. 2020년부터 비자발적으로 경험했던 재택근무를 통해 발견한 재택근무, 원격근무, 유연근무의 장점을 잘 활용한다면 조직은 높은 생산성을 확보하고, 워라밸을 보장받은 직원은 창의적인 아이디어를 도출해낼 가능성이 높아질 것입니다.

몇몇 실리콘밸리 빅테크 기업들이 결정한 영구적인 재택근무보다는 주를 이루는 재택근무와 부수적인 출근이 혼합된 하이브리드 근무 방식을 먼저 도입해야 할 때가 되었습니다. 도입 이후에도 변화하는 상황에 대응하는 요소들을 파악하여 우리 조직에 맞는 방법과 IT 도구를 적극적으로 활용할 필요가 있습니다. 실리콘밸리에는 그곳의 비즈니스와 문화에 맞는 방식이 있고, 한국에는 우리 기업의 비즈니스 목표와 문화에 더 잘 맞는 방식이 있습니다.

✓ **세 줄 요약**

① '부분 재택근무+유연근무'는 일의 미래

② 팬데믹 이전으로 돌아가는 건 실수

③ 우리 조직에 맞는 방식을 찾기 위해 시행착오를 분석하고 조정

3

휴가는 당연히
셀프 결재

휴가 제도 깨부수기

공들여 키운 직원이 퇴사하는 이유는 크게 세 가지입니다.

첫째, 거부하기 힘든 오퍼를 받았을 때

둘째, 회사의 비전에 한계를 확인했을 때

셋째, 회사를 떠나는 것이 아니라 상사를 떠나고 싶을 때

그중에서 셋째 이유로 유능한 직원을 잃게 된다면, 회
사 입장에서 뼈아픈 일이 될지도 모릅니다. 상사와 업무
로 인한 갈등은 어쩔 수 없는 일인 경우가 많지만, 업무와
관련이 없는 문제로 갈등이 생긴다면 부하직원이 받는

스트레스의 강도가 훨씬 큽니다. 업무와 관련이 없는 일로 받는 스트레스에는 여러 가지가 있지만, 그중에서 눈치 보이는 휴가 사용, 그리고 불편한 회식과 관련한 나쁜 사례들을 많이 볼 수 있습니다.

먼저 휴가 사용과 관련해서, 좋은 해결책이 있을까요? 휴가를 내고 결재받는 일 자체를 **'셀프'**로 만들면 됩니다. '이게 가능한가요?'라고 물으신다면, 가능합니다. 이미 그렇게 하는 회사는 해외에 여럿 있고, 국내에도 있습니다. 그리고, '왜 결재를 받아야 할까요?' '셀프 결재로 회사 시스템에 입력한 뒤 즉시 상사에게 자동 이메일이나 알람으로 고지하는 걸로 충분하지 않을까요?'라고 되묻고 싶습니다.

합리적인 수준에서 이야기해 봅니다. 긴 휴가를 쓰려면 부하직원도 당연히 팀의 바쁜 시즌이나 중요한 일이 있는 기간은 피할 것입니다. 그리고 셀프로 자기의 휴가를 결재할 때, 긴 휴가를 사용하려는 직원도 당연히 백업해 줄 다른 팀원의 일정을 미리 묻고 겹치지 않도록 스스로 계획할 줄 알아야 합니다.

'그게 가능한가요?'라고 묻는다면, 부하직원이나 팀원이 휴가로 인한 공백에 대한 대책을 전혀 가지고 있지 않을 것이라고 **'불신'**하기 때문입니다. 팀의 중요한 일정과 백업해 줄 동료의 상황을 '확인'하기만 하면 휴가 사용에 결재가 필요한지 답을 얻을 수 있을 것 같습니다.

**휴가를 쓰고 재충전의 시간을 가지는 것은
상사가 허락해 줄 때 누릴 수 있는 것이 아니라
내가 가진 당연한 권리일 뿐입니다.
휴가는 회사에서 결재를 받고 스트레스를 받아야 하는
업무의 영역과 존재 자체가 다른 일입니다.**

완전 셀프 결재가 최선의 방법이지만, 너무 새로운 방식이라 부담스럽다면 차선책으로 도입할 수 있는 방법이 두 가지 있습니다.

첫째, 일부 직원에게만 셀프 휴가 결재를 허용하는 방법입니다. 회사의 전반적인 비즈니스 흐름을 이해하기 어려운 신입 시기에만 셀프 결재를 제한하고, 입사 후 3년 차부터 셀프 결재를 허용하는 방식입니다. 아니면 중간관리자, 과장급, 매니저급 이상으로 셀프 결재의 권한을 부여하는 방법도 활용되고 있습니다. 중간자로서 관리 역할이 부여되기 시작하는 과장 정도라면 회사의 비즈니스 전반에 대한 이해도가 높고, 승진을 위해서 중요한 회사 일은 휴가보다 우선순위를 둘 줄 아는 업무 센스가 생기는 단계입니다.

정리하면,

완전 셀프 결재가 최선

차선으로, 입사 후 3년 차부터 셀프 결재 허용

다음으로 바람직한, 중간 관리자급(과장, 책임, 매니저급)부터 허용

부장 또는 임원급 이상만 허용. 이쯤 되면 의미 없음.

둘째, 신입사원을 포함하여 전 직원에게 셀프 결재 권한을 주되, 셀프 결제로 사용할 수 있는 휴가의 길이를 제한하는 방법입니다. 8시간(1일) 또는 16시간(2일)의 한도를 정하고 한도보다 짧은 반차나 하루 휴가에는 결재를 생략하는 방법입니다.

전 직원에게 셀프 결재 권한이 주어졌을 때, 업무 중에

상사와 다투고 휴가를 셀프 결재하고 퇴근해버리는 상황이 드물게 생기지 않을까라는 의심이 생길 수 있습니다. 그런 직원은 스스로 평판 관리Reputation management와 이미지 관리Perception management를 등한시하는 직원으로 여겨지고 결국 본인에게 손해가 되는 일을 쉽게 반복하지 못하는 상황이 됩니다. 그럼에도, 이런 사고 상황을 방지하기 위해서 셀프 결재로 휴가를 사용할 때, 최소 2시간 전에 시스템에 입력하고 본인이 결재 버튼을 눌러야 사용할 수 있도록 방안을 만들어 둘 수 있습니다.

이 방법은 출근한 뒤에 아이 돌봄이나 유치원 픽업이 긴급하게 필요한 날, 출근해서 시스템에서 셀프 결재 버튼을 누르고 휴가를 사용할 수 있습니다. 컨디션이 너무 안 좋거나, 치과 진료를 해야 하는 날, 격년으로 자동차 정기 검사를 해야 하는 경우에, 셀프 결재로 짧은 시간의 휴가를 사용할 수 있습니다. 겨우 몇 시간 반차 사용을 두고 묻지도 따지지도 않아서 좋은 방법 아닐까요?

HR 담당자와 팀장이 할 일

팀장이나 부장은 부하 직원들이 9월 말(3분기)까지 팀원이 사용한 휴가 일수를 확인하고, 휴가가 많이 남은 직원에게 휴가 사용을 독려하는 리더가 되어야 합니다. 휴가 사용을 적극적으로 독려하는 일은 재충전을 통해 업무 생산성을 높이기 위한 방법이므로, 팀장이나 부장, 즉 리더가 책임감을 가지고 챙겨야 하는 중요한 업무입니다. 팀원의 휴가 사용 일수가 떨어지는 경우에, 리더는 중요한 보고서를 쓴다는 책임감을 가지고, HRM 담당자에게 독려 상황을 보고해야 합니다. HR 부서는 10월 첫 주에 반드시 확인해야 하는 업무가 되어야 하고, 12월 말 또는 1월에는 리뷰까지 마치는 중요도가 높은 업무로 두고 프로세스화 시켜야 합니다.

그리고, 피치 못할 사정으로 해당 연도에 휴가를 다 사용하지 못했을 경우 정해진 규칙에 따라 다음 연도에 휴가를 이월carry forward할 수 있는 제도로 인정되어야 합니다.

보상 휴가

'휴가는 당연히 셀프 결재'라는 제목과 '휴가제도 깨부수기'라는 부제로 휴가 결재를 깨부수자는 이야기를 하고 있지만, 반대로 휴가 제도를 더 세밀하게 수정해야 하는 부분이 있습니다.

일반적으로 가장 짧은 휴가의 사용은 '반차'입니다. 휴가 사용을 1시간 또는 2시간 단위로 쓸 수 있도록 수정해야 합니다. 앞에서 설명한 것처럼, 병원에 가거나 아이 돌봄을 위해 필요한 경우에 결국 필요한 휴가 단위는 반차보다 짧은 한두 시간인 경우도 있습니다.

이렇게 휴가를 시간 단위로 쓸 수 있을 때, 보상 휴가 Compensation leave를 합리적으로 만들고 적극적으로 활용할 수 있습니다.

주말 골프 접대는 영업 담당자의 입장에서 초과 근무나 마찬가지입니다. 골프를 좋아해서 괜찮다는 영업부 동료의 말은 커리어를 위해서 또는 이미지 관리를 위한 겸손의 표현입니다. 토요일 새벽에 일어나 클라이언트를 만나고(주로 클라이언트의 집 앞까지 가서 픽업합니다) 5시간 정도 골프를 치고 점심이나 저녁 식사를 마쳐야 토요일의 영업활동이 종료됩니다. 저녁식사 접대가 있는 날, 영업사원은 클라이언트와 늦은 밤까지 식사와 술을 마시고 개인의 워라밸을 포기하는 날이 됩니다.

보상 휴가도 셀프 결재

이런 경우에, 주말 골프는 4시간, 저녁식사 접대는 최소 2시간 정도 보상 휴가를 적립해서 사용할 수 있어야 합니다. 보상휴가를 결재받아 적립하는 것은 더 어렵다고요? 휴가를 사용할 때와 마찬가지로, 고객사와 주말 골프를 이유로 4시간, 저녁 식사 접대를 이유로 기입하여 2시간까지는 '셀프 결재'를 사용하면 됩니다. 주말 골프와 저녁 접대는 사무실에서 연장근무와 초과근무를 하는 것만큼 힘든 마케팅 활동이고, 골프 접대비, 식사 접대비에 사용된 영수증으로 증빙이 쉬운 것이 보상휴가의 셀프 결재 적립입니다.

그리고, 저녁식사 접대가 있었던 영업 사원이 다음 날 아침 출근시간에 적립한 휴가를 한두 시간 셀프 결재로 사용하여 컨디션을 관리할 수 있도록 허용해야 합니다. 그러면 식사 자리에서 영업사원은 늦은 밤의 마케팅 활동에 부담을 덜 수 있고, 마케팅 활동에도 스스로 적극성을 높일 수 있습니다.

해외 출장을 갈 때 주말에 공항으로 이동하고 비행기를 타야 하는 경우가 있습니다. 책상에 앉아 일을 하는 시간이 아니라도 출장을 위해 이동하는 시간은 원래 주말의 여유 시간이었습니다. 규칙을 만들어 비행시간에 따라 '셀프 결재'로 보상 휴가를 적립할 수 있어야 합니다. 유럽과 미주 대륙으로 가는 장거리 비행은 8시간(1일), 아시아 도시와 싱가포르까지는 4시간(0.5일)으로 정해서 출장자가 직접 보상 휴가를 적립하고 사용할 수 있습니다.

부끄러운 1등, 여전한 회식 문화

마지막으로 회식입니다. 유럽과 미국의 회사에서는 회식을 당연히 근무 시간으로 생각합니다. 회식이 있는 날이면 평소보다 한 시간 빠른 5시에 사무실을 떠나 회식 장소로 이동합니다. 그러면 5시 반이나 6시부터 식사가 시작되고, 한 시간 정도 모두 모여 식사를 합니다. 그리고 한 시간 빨리 퇴근한 만큼만 회식에 참석하고 7시쯤 되면 하나 둘 귀가하는 사람이 생깁니다. 원하는 사람은 늦은 시간까지 회식 자리에 참석하는 것도 개인의 자유입니다. 회식이 시작하고 한 시간 만에 귀가한다고 해서 누구도 문제를 제기하지 않습니다. 오히려 문제를 삼는 사람이 비난받을 확률은 거의 100%입니다. 그래서 회식하는 날

7시에 귀가한다고 해서 문제를 제기하는 일 자체가 없습니다.

미국, 유럽, 홍콩, 싱가포르 어디에서도 쉽게 볼 수 없는 나쁜 회식을 우리만 고집하고 있는 상황입니다. 우리의 회식 모습은 6시에 퇴근하고 회식장소에 도착해서, 1차 식사, 2차 맥주, 3차는 정말 최악인 노래방으로 이어지는 경우가 아직 있습니다. 2차와 3차까지 참석이 강요되는 나라는 우리나라와 일본 뿐입니다. 일본의 회식 문화도 우리와 비슷한 점이 많지만 일본에서는 회식에 참석하는 사람들이 회식비를 분담(1/n)해야 하기 때문에 강요의 강도는 우리나라보다 조금은 더 낮은 것 같습니다.

동반 꼴찌인 일본의 경우를 보아도 사실 우리보다 회식 횟수가 적은 편이고, 택시비가 엄청나게 비싸기 때문에 우리처럼 늦은 심야까지 회식이 이어지는 경우는 우리보다 많지 않습니다. 외국의 좋은 것을 보면 빨리 따라하는데 2등이라면 서러워할 우리 국민들이 유난히 어려워하는 일입니다. 우리가 그토록 미워하는 일본보다 못한 압도적인 꼴찌를 고집할 이유…, 아무리 생각해도 없는 것 같습니다.

회식은 평소 퇴근시간보다 무조건 한 시간 일찍 시작하고, 한 시간만 참석하면 누구나 귀가하는데 불편함을 느끼지 않아야 합니다. 회식의 장점을 크게 보고 2차를 원하는 사람은 2차에 참석하면 되고, 강요하는 사람은 외국처럼 비난받는 문화가 빨리 뿌리내리면 좋겠습니다.

2년 이상 재택근무를 하면서, 그동안 우리가 해온 수많은 회의와 회식이 과연 효과적인 커뮤니케이션에 그렇게 큰 도움이 되었는지 곱씹어 볼 수 있지 않을까요. 업무에 직접적인 커뮤니케이션에 대한 갈증도 있었지만, 회의와 회식은 정말 그렇게 많이 필요했던 일인가요?

☑ 세 줄 요약

① 휴가는 셀프 결재

② 휴가 사용과 보상 휴가 적립을 위해 시간 단위로 쪼개서 휴가를 이용

③ 회식은 근무시간만큼만

4
컨틴전시 플랜 1

(귀찮아도 매년 모의훈련까지 해야 하는 이유)

2021년 여름, 아프가니스탄 한국대사관에 고용되었던 아프간 직원, 그리고 그 가족들이 우리 공군 비행기를 타고 입국했습니다. 드물게 생길 수 있는 불행한 일이라는 생각이 들기도, 아프간 출신 특별 기여자들을 도울 수 있는 우리 공군의 작전 수행능력에 뿌듯함을 느낄 수 있었던 일이었습니다. 하지만 서울에 일하고 있는 우리나라 사람들도 고국을 탈출한 아프간 특별 기여자들과 똑같은 위험에 노출되어 있는 신분으로 여겨지는 것이 우리의 현실입니다. 우리나라에서 비즈니스를 하는 외국기업들은 아프가니스탄에서 일어난 것과 비슷한 상황이 한국에도 발생할 수 있다고 가정하고 비슷한 탈출 계획을 세우고 있기 때문입니다.

모든 외국계 기업이 그런 계획을 세우고 있는 것은 아닙니다. 우리나라에 있는 일부 미국이나 유럽 회사들은 우리나라에서 전쟁이 발생하는 상황, 그리고 지진이나 태풍과 같은 자연재해로 인해 정상적인 비즈니스를 영위할 수 없는 상황이 닥쳤을 때, 자국민 임직원뿐만 아니라 고용된 한국인 직원과 가족까지 해외로 대피evacuation시킬 계획을 세워 대비합니다. 안전하게 직원을 해외로 대피시키면 기업은 위기 발생으로 비즈니스가 단절되는 시간을 최소화시킬 수 있기 때문입니다. 직원에게 안전을 보장해주고 영업에 손실이 발생하는 것을 방지하기 위한 목적입니다. 그리고 한국인 직원의 가족까지 탈출시켜주는 것은 회사의 비즈니스를 위해 일할 직원의 심리적 안정을 확보하여 신속한 탈출에 동참을 유도하기 위해서입니다.

구체적인 사례를 들자면, 우리나라에 국지전이 발생해서 언제든지 전쟁으로 확산될지 알 수 없는 긴급한 상황이 발생한다면, 한국인 직원들은 고용주인 회사의 국적 대사관 지시에 따라 시내 모처에 소집됩니다. 물론 동거하는 가족도 동반할 수 있습니다. 그리고 슈퍼 태풍이나 지진으로 안전이 확보되지 않고 보건 상황이 악화되는 경우에도 마찬가지로 컨틴전시 플랜Contingency Plan(비상계획)이 가동됩니다.

　컨틴전시 플랜이 작동했을 때, 1차 집결지는 유명 호텔의 주차장이거나, 규모가 큰 공영 주차장으로 지정되어 있습니다. 그리고 1차 집결지 주차장에서 서울공항으로 직원과 가족들을 데리고 가는 버스를 탑니다. 이 버스는 탈출을 유도하는 대사관이나 회사가 준비합니다. 인천공항이나 김포공항이 아니라 군사공항인 서울공항으로 퇴로를 마련하고 매뉴얼에 남기는 이유는 비상 상황에서는 군사공항이 해외로 대피하기 위한 항공기의 접속이 더 용이하기 때문입니다. 그리고 이런 컨틴전시 플랜은 매년 검토하고 수정하고, 모의 훈련Contingency Drill을 합니다. 대사관과 비상연락망도 매년 확인하고 업데이트를 하고, 대사관에서는 비상시에 즉시 활용할 수 있도록 직원 및 가족의 개인정보 이용에 대한 동의도 받아둡니다.

우리나라에서 군사 공항으로 직원과 가족을 대피시키는 상황까지 이른 적은 아직 없습니다. 그러나, 일부 외국 기업의 준비 태세만 보더라도 우리나라의 현실도 아프가니스탄 카불 공항을 탈출하기 위해서 특별 기여자들이 버스를 타기 위한 장소로 집결하고 우리 공군의 군용기를 타고 파키스탄 이슬라마바드 공항으로 탈출하는 모습과 거의 똑같다고 볼 수 있습니다. 외국기업이 우리나라 상황에 맞게 만들어 두는 매뉴얼에 따르면 1차 집결지에서 버스를 타고 서울공항으로 간 뒤에 외국 대사관이 준비한 비행기를 타고, 중국 베이징이나 일본 후쿠오카로 비행하게 됩니다. 그리고, 우리나라에서 대피한 직원들은 베이징이나 후쿠오카에 마련된 사무실에 도착하는 즉시 업무를 하게 됩니다.

반대로 우리나라와 가까운 도쿄에서 지진이 발생하거나, 베이징이나 홍콩에 소요 사태가 발생하는 경우에 외국 기업은 현지 직원과 가족들을 한국으로 대피시키고, 한국 사무소나 근처에 마련된 임시 업무 공간에서 일본과 중국에서 철수한 직원들이 일을 계속할 수 있도록 도움을 줍니다. 모두 컨틴전시 플랜으로 매뉴얼화되어 있고 매년 검토와 수정을 거치고, 모의 훈련을 실시합니다.

그리고, 이러한 비상탈출 계획은 기업이 자발적으로 비용을 지출하는 경우도 있고, 일부 선진국에서는 해외에서 비즈니스를 하는 기업은 비상상황에서 현지 직원과 가족까지 탈출시켜야 하는 일을 기업의 의무로 규정하고 법제화시키는 유럽의 국가도 있습니다.

직원몰입을 높이는 컨틴전시 플랜

직원 가족의 안전을 배려하는 정책과 노력은 높은 직원몰입Employee Engagement을 유도하는 데에도 도움이 됩니다. 심각한 자연재해나 전쟁과 같은 극단적인 상황에서도 직원을 배려하고 안전을 책임지려고 하는 회사의 준비와 노력은 직원에게 안정감을 주는 방법이 될 것입니다. 꼼꼼하게 컨틴전시 플랜을 잘 짜두는 일은 회사를 위해서, 그리고 직원과 가족을 위해서 보이지 않아도 긍정적인 직원몰입을 유도할 수 방안과 정책으로 삼을 수 있습니다. 컨틴전시 플랜을 세우고 모의 훈련을 하는 것은 기업에서는 어차피 해 두어야 하는 업무의 하나이자 의무이며, 궁극적으로 회사에 도움이 되는 일로 소홀히 해서는 안 되는 필수 항목입니다. 그리고, 꼼꼼하게 최대한의 노력으로 만든 컨틴전시 플랜은 직원의 심리상태에도 긍정적인 영향을 주는 일입니다.

사실 심리적으로 기능적으로 직원몰입을 조직에서 원하는 수준으로 확보하기는 굉장히 어려운 일입니다. 좋은 제도(소프트웨어)와 환경(하드웨어)을 갖추는데 많은 비용을 들이고, 연구를 하고 교육을 통하더라도 직원몰입 설문Employee Engagment Survey 결과에서 점수를 높이는 것은 쉽지 않은 일이었습니다. 직원과 가족의 안전을 확보하기 위해 회사가 꼼꼼한 계획을 가지고 있다는 것은 직원몰입을 높이기 위한 방법으로 적극적으로 활용될 필요가 있습니다. 다른 기업보다 조금 더, 그리고 글로벌 스탠더드에 가까운 수준으로 꼼꼼하게 다듬어 마련하는 노력으로 직원과 가족에게 감동을 줄 수 있고 심리적 안정감을 가져올 수 있습니다.

광화문 메인 오피스, 여의도 서브 오피스

미국과 유럽의 금융회사들은 우리나라에서 영업을 시작할 때, 주로 여의도나 광화문에 오피스를 오픈합니다. 오피스를 광화문에 두는 외국계 금융회사는 여의도에 서브 오피스를 하나 더 마련해서 항상 비워둡니다. 항상 비워 두는 서브 오피스이지만, 긴급한 상황이 발생했을 때 전기만 켜고 들어가면 평소처럼 업무를 할 수 있는 수준으로 준비를 갖춥니다. 메인 오피스가 있는 광화문에 전기, 교통, 통신, 수도, 가스 시설과 같은 기반 유틸리티에 문제가 생기거나, 폭우, 집회 및 소요사태 등으로 문제가 생기는 경우가 있었습니다. 직원들이 출퇴근을 하기에 위험하거나, 출근을 하더라도 정상적인 업무 활동에 지장을 초래하는 상황들이 있었습니다. 그런 경우에 회사는 신속하게 여의도에 있는 서브 오피스로 출근을 결정하고 단절 없이 비즈니스를 수행하기 위해 다른 로케이션에 서브 오피스를 마련해 둡니다. 물론 거의 사용할 일이 없는 서브 오피스임에도 적지 않은 비용을 고정적으로 지출하고, 상황을 관찰하여 위기 단계가 상향되면 즉시 사용할 수 있도록 서브 오피스를 유지, 관리합니다.

거래처로 일했던 유럽의 금융회사는 이런 서브 오피스를 서울에 하나 더 유지하고 있지만, 비상 상황이 발생해서 서브 오피스를 구동시키는 일은 한 번도 없었습니다.

그럼에도 컨틴전시 플랜에 서브 오피스 관련한 항목들을 두고 매년 점검하고 있었습니다. 비상 상황이 발생하면 금융시장은 요동치게 됩니다. 그런 경우에 즉각적인 대응을 하지 못하면 금융 기업은 짧은 시간에 큰 손실을 입을 수 있고, 반대로 매매를 잘 해낸다면 위기 속에서 큰 이익을 기대할 수도 있기 때문입니다. 비상 상황에서 주식, 환율, 채권 금리의 변동성은 크게 확대되기 쉽고 그런 위기 상황에서 짧은 시간이라도 거래가 단절되는 상황을 회피하기 위함입니다. 비즈니스의 단절로 인해 놓치는 이익이 서브 오피스를 유지하는데 들어가는 비용보다는 크다는 확신이 있고, 비상상황에 대응하는 일은 금융회사에서 무엇보다 중요한 평판 관리와 위험관리Risk Management에도 도움이 되기 때문입니다. 비상 상황에 우왕좌왕하는 것보다 잘 준비된 매뉴얼대로 조직이 행동하기 위해서 지출하는 비용은 다른 어떤 고정비나 변동비 항목보다 가치 있는 일이 됩니다.

서울 시내의 오피스 빌딩을 살펴보면 유난히 외국계 금융기관이 많이 입주한 빌딩들이 몇 군데 있습니다. 그런 빌딩은 주로 내진 설계가 우리나라의 기준을 초과하는 수준으로 안전하게 설계된 건물입니다. 외국 금융기관들은 서울의 크고 작은 오피스 빌딩 중에서 내진 설계 수준이 높은 빌딩들의 리스트를 확보하고 있습니다. 그리고 메인 오피스나 서브 오피스 중에서 하나는 내진 설비(주로 빌딩 아래에 고무로 만든 수십 개의 기둥 위에 지은 건물, 지진 충격을 완화시키는 무거운 추가 달려있는 건물)를 갖춘 빌딩에 사무실을 마련합니다.

역사가 길고, 지금도 성공적인 비즈니스 모델을 가진 글로벌 기업들은 경험을 통해 컨틴전시 플랜이 필요한 이유를 잘 인지하고 있습니다. 그리고 정말 드물게 발생하는 위기 상황에 잘 대응하는 것이 얼마나 중요한지도 알고 있는 것 같습니다. 그러면 전쟁, 자연재해, 팬데믹과 같은 비상 상황에도 당황하지 않고 비즈니스를 잘 수행해 낼 수 있습니다. 그리고 잘 준비된 컨틴전시 플랜은 덤으로 직원들에게 긍정적인 심리적 효과를 만들어내는 방식으로 작동합니다. 비상 상황에도 주어진 업무를 해낼 수 있는 직원은 안정적인 수입원에 대한 기대감과 본인과 가족에 대한 심리적 안정 장치를 느낄 수 있기 때문입니다.

우리 기업들의 팬데믹 대응

이번 팬데믹도 비상 상황이었습니다. 서브 오피스를 마련해두거나, 대피를 고려해야 하는 비상 상황과 다른 유형의 컨틴전시 플랜이 가동되고 있는 상황입니다. 잘 준비된 조직의 직원들은 이미 수년 전부터 IT 기술에 대한 이해도가 높았고 활용 능력 또한 갖추고 있었습니다. 팬데믹 재택근무 첫날부터 영상회의와 클라우드 서버를 잘 활용하면서 재택근무를 하면서도 기업의 비즈니스 활동을 잘 수행해 내고 있습니다. 팬데믹이 예상보다 연장되고 있는 상황에도 기업은 재택근무자의 업무 매너를 교육하고, 재택근무로 인한 동료들과의 심리적인 단절을 확인하고 도움을 줄 수 있는 방법도 생각해 내고 있습니다. 영상회의만으로는 단조로울 수 있는 원격근무 상황에 가상의 공간으로 출퇴근하면서 동료와 상사를 만나는 메타버스 가상 오피스를 열고 예상보다 길어지는 팬데믹 상황에 대응하는 노력을 보여주기도 합니다. 이런 변화 속에서 새롭고 창의적인 비즈니스 기회를 발견하는 기업도 있고, 민첩하게 변화를 줄 수 있는 조직은 매출의 급증이라는 즐거움을 누리는 회사도 있습니다.

반대로, 컨틴전시 플랜에 대한 이해가 부족하거나, 재택근무 상황에 잘 대응하지 못한 조직에서는 구성원의 스트레스 지수가 높아지기 십상이고, 비즈니스에도 부정적인 영향이 발견됩니다.

우리나라가 언제 전쟁터가 될지, 몇 년 전 포항 지진보다 강력한 지진이 언제 발생할지, COVID-19보다 힘든 팬데믹이 어떻게 발생할지는 누구도 예측할 수 없는 일입니다. 외국 기업은 우리나라에서 자국 대사관과 협력하여 대피 계획을 세우고, 서브 오피스를 갖추는 노력을 게을리하지 않았습니다. 이번 팬데믹을 거치고 나면 매년 검토하고 수정하는 컨틴전시 플랜에 어떤 항목이 추가될까요?

바로 '디지털 리터러시Digital literacy가 높은 직원Tech-savvy을 확보'하는 항목일 것입니다. 평소에 효과적이고 효율적인 영상회의 스킬과 매너를 익혀 두고, 비대면 상황에 맞는 마케팅 방법을 연구해 두고, 메타버스와 같은 새로운 업무환경에서 나오는 새로운 아이디어를 놓치지 않는 방법으로 세부 사항을 추가할 것입니다.

컨틴전시 플랜을 꼼꼼하게 준비하고, 해마다 모의 훈련

을 하는 일에는 많은 연구와 시행착오, 그리고 크고 작은 비용의 지출이 필요한 성가신 일입니다. 이러한 비용 지출은 당장 기업의 비즈니스 활동에 도움이 되지 못하고 해마다 지출만 발생시켜 고정비용에 부담이 되는 요소입니다. 팬데믹 초기에 우리 기업들의 대응에 몇 점을 줄 수 있을까요? 팬데믹으로 마스크를 쓰고 출근하고 재택근무를 한 지 2년이 넘은 지금 컨틴전시에 대한 우리 기업의 노하우는 조직적으로 잘 축적되어 있을까요? 컨틴전시 플랜을 보완하거나, 없었다면 새로 만드는 일을 시작할 시점입니다.

우리 사업장의 컨틴전시뿐만 아니라 조직에 속한 다른 사업장이 컨틴전시가 발생했을 때, 도움을 줄 수 있는 백업 플랜도 마련해야 합니다. 다음 팬데믹이 오거나, 컨틴전시 상황이 발생했을 때에는 빠르게 대응을 해내고, 위기의 순간 포착되는 기회를 놓치지 않도록 조직을 재정비해 둘 필요가 생겼습니다.

☑ **세 줄 요약**

① 귀찮아도 컨틴전시 플랜을 만들고 모의 훈련까지 꼼꼼하게

② 매년 한 가지씩 수정과 보완

③ 위기에 잘 대응하는 조직이 찾는 위기 속의 기회

5
컨틴전시 플랜 2

(**다음 팬데믹이 내일 발생한다면,**)

코로나19의 발생을 예측할 수 없었고, 팬데믹이 2년 이상 길어질 것이라 예상할 수도 없었습니다. 누구도 예상하지 않았던 비상 상황을 두고 우리 기업들은 재빠르게 재택근무와 유연근무를 시도하였습니다. 팬데믹이 오기 전에 오랜 시간 동안 재택근무와 유연근무를 다양한 방식으로 도입하고 연습했던 유럽과 미국의 기업보다 초기 대응은 원활하지 못했지만, 팬데믹이 장기화되면서 우리 기업들도 빠르게 벤치마킹하고 적응하는 모습을 보여주었습니다.

다음 팬데믹이 내일 발생한다면, 혹은 팬데믹이 아닌 다른 이유로 우리의 기업활동과 비즈니스에 급작스러운 방해가 발생한다면 어떻게 될까요? **팬데믹이 아닌 다른 이유로 발생한 컨틴전시 상황을 다시 시작하게 된다면** 팬데믹 초기의 모습과 같이 우왕좌왕하지는 않을까요? 아니면 팬데믹을 경험하면서 얻은 위기 대응 노하우를 통해 이전보다 발전한 모습으로 대응하게 될까요?

실제로 기업에서 팬데믹이 아닌 다른 이유로 컨틴전시 플랜을 가동하는 상황은 더 많이 있습니다. 조직에서 비상 상황을 예상해 보려고 할 때나 갑작스러운 사고를 당한 경우에 대응할 수 있도록 미리 만드는 매뉴얼을 컨틴전시 플랜, 컨틴전시 상황에서 쓸 수 있는 자금은 컨틴전시 머니 Contingency Money라고 부르고 별도의 예산 확보와 승인 과정을 거치지 않고 신속하게 집행할 수 있도록 관리합니다. 잘 대비하고 있는 기업들은 컨틴전시 플랜을 다루는 부서를 Risk Management Team, 위원회를 Risk Management Committee라는 명칭으로 RM 조직을 운영합니다.

자연재해, 전쟁, 쿠데타와 같이 컨틴전시 플랜을 가동하게 하는 여러 가지 원인이 있습니다. 코로나19가 촉발한 이번 팬데믹은 컨틴전시 플랜에 포함되는 단 한 가지

상황일 뿐입니다. 유럽과 미국의 기업들이 우리나라에서 비즈니스 계획을 세울 때, 팬데믹뿐만 아니라 우리나라에서 발생할 수 있는 다양한 원인의 컨틴전시 상황을 고려합니다. 우리나라에 발생할 수 있는 컨틴전시 상황은 어떤 것이 있고 기업들은 어떤 대비책을 준비해야 할까요?

컨틴전시를 발생시키는 시나리오는 크게 아래의 여섯 가지를 꼽을 수 있습니다. 여섯 가지 이외에도 우리가 아직 모르는 컨틴전시가 더 발생할 가능성을 배제할 수 없습니다.

① **Natural Catastrophe**(지진, 태풍, 홍수, 화산 폭발 등 자연 재해)

② **Fire and Explosion**(대화재 및 폭발사고)

③ **War**(전쟁)

④ **Political Risk**(정세 불안 및 정변)

⑤ **SRCC**(Strikes Riots Civil Commotion, 파업과 소요 상황)

⑥ **Pandemic**(팬데믹)

마지막의 팬데믹은 단 한 가지의 원인이고, 자연재해 중에서 태풍과 화재는 팬데믹보다 자주 발생하는 비상 상황입니다. 발생하는 빈도는 높지 않지만 발생하면 피해의 심각성이 높은 컨틴전시 상황으로 전쟁과 지진을 꼽을 수 있습니다.

빈도와 심도 분석

컨틴전시 시나리오를 분석할 때, 시나리오 별로 빈도 Frequency와 심도Severity를 구분하여 상황에 맞는 대응책을 준비합니다. 'Frequency'라고 표현하는 빈도는 상황이 얼마나 자주 발생하는지를 분석하는 지표입니다. 'Severity'라고 표현하는 심도는 짧은 시간에 상황이 급격하게 악화되는 정도를 말합니다. 심도와 빈도를 등급으로 나누고, 컨틴전시 플랜 리포트에 기재합니다.

- **심도가 높고, 빈도가 낮은 시나리오:** 지진, 전쟁, 소요사태, 파업, 대화재
- **빈도가 높고, 심도가 낮은 시나리오:** 태풍, 폭우, 폭설, 미세먼지와 공기질 악화

팬데믹은 심도와 빈도가 모두 낮은 것으로 평가할 수 있었지만, 문제는 앞으로 심도와 빈도가 함께 높아질 가능성이 있다는 데 있습니다.

① Natural Catastrophe

우리나라에서 쉽게 떠올리는 태풍이 아니더라도 기업 활동은 자연재해로 부정적인 영향을 받습니다. 일본의 기업이라면 지진 위험에 대한 노출 정도가 대단히 높습니다. 일본에 사업장을 두거나 사업을 계획하고 있는 우리 기업들이 많이 있습니다. 2011년 3월 동일본 대지진 장면을 떠올려 봅니다. 자동차 공장의 야적장에 재고로 보관 중인 완성차들이 쓰나미 급류에 쓸려 떠다니는 상황이 있었습니다. 자동차 공장의 기업 활동에 심각한 장애가 되었습니다. 수출 계획에 차질이 생기고, 기업의 자금 계획에 심각한 위기를 초래하는 상황으로 이어졌습니다.

심도가 높은 지진에 대응하는 방법으로 일본의 기업들은 새로 빌딩을 건설할 때, 건물의 내진 설계 방식과 수준을 결정합니다. 입주할 빌딩을 임차할 때에도 도시별로 지진 위험도를 평가하고 필요한 만큼의 내진 설계가 되어 있는 빌딩을 선택합니다. 컨틴전시 플랜에 소재지 별로 오피스 빌딩의 내진 설계 자료와 각 사업장에 배치된 고가 자산의 현황을 기재합니다. 값비싼 자산이 한 군데에 집중되지 않게, 재고 자산은 가능한 여러 곳에 분산하여 보관할 수 있도록 계획하고 관리합니다.

지진 위험에 대해서 도쿄가 있는 일본의 관동 지역은 위험도를 '5'로 평가하고, 부산과 가까운 규슈 지역은 지진 위험도를 '3'으로 평가합니다. 유럽의 이탈리아, 그리스, 터키의 지진 위험은 '3', 미국 태평양 연안은 '4'로 평가합니다. 2017년의 경험으로 거의 '0'이라고 생각했던 우리나라의 지진 위험은 '1' 또는 '2' 수준임을 깨닫게 되었습니다.

국토가 넓은 미국에서는 지역별로 다양한 위험 요소를 분석하고 평가합니다. 남부 플로리다 지역은 허리케인 위험을, 북동부 지역은 혹한과 폭설 위험을, 캘리포니아가 있는 태평양 연안 지역은 불의 고리Ring of Fire에 위치한 탓으로 지진 위험을, 중부 지역은 토네이도 위험을 높은 지수로 표시하고 검토합니다. 2021년에는 비교적 따뜻하다고 알려진 미국 텍사스 지역에 혹한으로 전력 공급에 차

질이 발생했습니다. 반도체 공장은 전기가 끊김 없이 안정적으로 공급되어야 하는데, 폭설과 혹한으로 전력 공급 계통에 문제가 발생하여 텍사스 오스틴에 있는 삼성전자 반도체 공장이 가동을 멈추는 사고가 발생하였습니다. 기후변화와 자연재해가 기업 활동에 예상하지 못했던 부정적인 영향을 미치는 사고 상황이었습니다.

유럽에서 영국과 프랑스 기업은 겨울철 폭풍Winter Storm (우리의 태풍과 같은 위험)을, 네덜란드와 독일 기업은 폭우로 인한 홍수 위험을 높게 여깁니다. 역시 기후 변화로 인해 심도가 예상 범위를 벗어나는 홍수가 발생하자 다른 국가에 비해 대비가 잘 되었을 것으로 생각했던 독일 기업들도 2021년에 심각한 홍수 피해를 입었습니다.

아직 심각한 피해를 발생시키지 않았더라도 우리 기업들이 많이 진출한 인도네시아 지역은 화산 폭발로 큰 피해를 입을 가능성이 있습니다. 베트남은 홍수 위험이 높은데 비해 아직 정부의 대응이 미흡한 상황입니다. 국가의 미흡한 홍수 대비에 대해 베트남에 진출한 우리 기업이 국지적으로 보완하는 대비책은 부족할 수밖에 없습니다. 지진 위험을 거의 느끼지 못했던 우리 국민들도 경주와 포항 지역에서 발생한 지진 이후에 지진으로 피해가 발생할 수 있다는 두려움을 경험했습니다. 우리나라에서 자연재해로 손쉽게 떠올리는 태풍이 아니더라도 기업활동을 중단시키는 자연재해의 상황은 자주 발생하고 있고, 기업활동의 중단으로 인한 피해 역시 상당한 수준이었습니다.

② Fire and Explosion

대화재로 인해 기업 활동이 중단되는 상황은 국내에서도 자주 겪었던 위험입니다. 대형 물류창고가 불타고 재고 상품이 화재로 소실되는 사고는 인명 피해뿐만 아니라 기업에 심각한 손해를 발생시키는 재난의 상황입니다. 화재로 소실된 기업의 자산에 대해 보험 회사로부터 보험금을 받더라도, 창고를 재건하거나 이전하고 상품을 다시 입고시킬 때까지 영업 손실이 발생합니다. 우리나라에서 대화재 사고는 끊이지 않고 반복되고 있습니다. 온열기를 사업장에서 사용하는 겨울과 건조한 봄에 비교적 많이 발생합니다.

③ War

2022년 전쟁을 겪은 우크라이나와 국경을 맞대고 있는 폴란드, 헝가리 등의 동유럽 국가에는 우리 기업들이 많이 진출해 있습니다. 자동차, 전기 자동차용 배터리, 전자 제품을 생산하는 우리 기업들은 인접한 국가의 전쟁 발발로 전이되는 위험 상황을 컨틴전시 플랜에 포함시켜 관리하여야 합니다. 전쟁 시나리오에 대한 컨틴전시 플랜에는 기업에 손실을 줄이기 위한 계획과 함께 직원과 가족을 안전하게 철수시킬 계획을 마련해 두고 있어야 합니다.

④ Political Risk

앞서 언급한 2021년 아프가니스탄의 사례에서, 미군의 철수 결정으로 짧은 시간에 한 국가의 정치 상황이 급격하게 불안정해지는 상황을 볼 수 있었습니다. 정치권의 부정부패가 사회에 위험 요인으로 작용해서 기업활동에도 영향을 주고 있는 스리랑카와 파키스탄 사례, 우리 기업들이 생산 거점으로 진출한 터키, 미얀마에서 쿠데타가 발생하는 상황을 보았습니다. EU 탈퇴와 지역의 분리 독립운동이 확산할 가능성이 있는 유럽의 선진국의 Political

Risk도 고려해야 합니다.

컨틴전시 플랜에 직원과 가족이 안전하게 대피할 수 있도록 돕는 매뉴얼이 포함되어야 합니다. 상황의 변화를 모니터 하면서 단계별로 대응할 수 있는 방법을 마련해 두어야 합니다. 상황이 개선되는 단계에 따라 신속하게 사업장을 재가동할 수 있도록 단계별 설정도 미리 마련되어야 합니다.

⑤ SRCC Strikes Riots Civil Commotion

SRCC는 생소하지만 해외 기업에서 소재지별로 사업장에 대한 위험을 분석할 때 자주 사용하는 용어입니다. 생소한 약어이기 때문에 우리나라와 관련성이 낮다고 생각할 수 있지만, 사실은 그렇지 않습니다. 드물게 발생하는 불행이라고 생각했던 팬데믹보다 빈도가 높았던 것이 SRCC 위험입니다.

우리나라의 현대사를 50년만 돌아보아도 쿠데타 발생과 저항 시위, 민주화 시위, 대통령 탄핵과 전국적 시위, 경제 위기 등의 사건으로 사회 전체에 부담이 되었던 소요사태를 여러 번 겪었습니다. 지난 50년간 발생했던 파

업과 소요 상황이 사회에 부담을 주고 기업 활동에 부정
적인 영향을 미쳤던 횟수는 우리가 팬데믹으로 영향을
받았을 때보다 훨씬 더 많았습니다.

⑥ Pandemic

팬데믹은 기업 활동에 영향력이 빈도와 심도가 낮은 위
험으로 고려되었습니다. 문제는 기후 변화와 자연 생태
계 파괴가 원인이 되어 앞으로 팬데믹의 빈도는 잦아지
고 심도는 높아질 가능성이 있다는 데 있습니다. 코로나
19를 통해 변이가 발생하고, 팬데믹이 2년 이상 지속될
수 있다는 것도 알게 되었습니다.

　팬데믹 초기에 스마트폰을 조립하는 삼성전자 베트남
공장은 팬데믹을 이유로 제품 생산에 차질을 빚었습니다.
중국의 도시 봉쇄 정책은 전 세계 기업의 안정적인 공급
망에 타격을 주는 상황으로 이어졌습니다. 팬데믹으로 인
한 직원의 보건 안전에 대한 대응책뿐만 아니라 공급망
에 대한 검토도 필요한 상황이 되었습니다. 의존도가 지
나치게 높은 공급처를 구분하고, 대체 공급과 조달에 대
한 검토는 역시 컨틴전시 플랜에 고려되어야 하는 사항

입니다.

이번보다 더 강력한 팬데믹이 언제 어디서 어떻게 발생할지 누구도 알 수 없습니다. 우리 기업들은 팬데믹이 길어지면서 컨틴전시 플랜에 대한 인식을 조금 높여가고 있습니다.

우리 기업의 컨틴전시 플랜

우리나라를 비즈니스의 대상으로 분석하는 외국 기업들은 다른 국가와 비교해서 우리나라를 어떻게 분석하고 평가할까요? 글로벌 기업들은 비즈니스 활동, 기업 활동의 관점에서 우리나라를 거의 모든 위험에 노출되어 있는 국가로 평가합니다. 우리 힘으로 컨트롤하기 어려운 War Risk, Political Risk 측면에서 좋은 점수를 받지 못하고 있습니다. 특히 전쟁 위험은 우리나라가 국제 신용평가 회사들로부터 최상위 등급을 받지 못하게 만드는 치명적인 이유입니다. 이와 같이 치명적인 위험에 더해 모든 컨틴전시 시나리오가 발생할 가능성이 있는 것으로 평가받는 우리나라의 현실은 다른 국가의 컨틴전시 플랜보다 더 꼼꼼하게 준비되어 있어야 하는 이유가 됩니다.

그런데, 우리나라에서 손에 꼽을 정도로 규모가 큰 대기업만 RM 전문가를 양성하고 컨틴전시 플랜을 제대로 갖추고 있습니다. 대부분의 기업은 팬데믹에 대한 매뉴얼이 없었거나, 컨틴전시 플랜 및 모의 훈련에 대해 무방비 상태였습니다. 다음 팬데믹이 발생하기 전에 우리 기업이 준비해야 하는 컨틴전시 대응에 대해 알아봅니다.

첫째, 컨틴전시 플랜과 모의 훈련

앞에서 언급한 여섯 가지 시나리오 가운데 ① Natural Catastrophe에서 태풍, 홍수 그리고, ② Fire & Explosion은 피해 상황에 대한 예측 가능성, 또는 예방을 위한 노력이 효과를 볼 수 있는 영역에 있습니다. 또한, 기업의 자산에 대한 보험 가입으로 사고가 발생했을 때 입는 손해를 보험금 수령으로 회복할 수 있는 방안도 있습니다.

③, ④, ⑤, ⑥번의 시나리오는 매뉴얼로 상황이 악화하는 정도에 따라 단계별 대응책을 컨틴전시 플랜에 마련해 둘 수 있는 위험입니다. 직원들의 출퇴근, 필요한 IT 장비와 프로그램 등에 대해 인사담당자, IT 담당자, RM 팀이 함께 의견을 모아 컨틴전시 플랜을 만들어야 합니다.

사업장 별로 노출된 위험의 종류를 파악하고, 위험도를 분석하여, 가능한 대응책을 기록으로 남기는 일부터 시작할 수 있습니다. 울산 공장의 해수면 대비 고도, 용인에 있는 물류창고의 화재 대응 능력, 판교 연구소의 비상 전기 공급 장치, 여의도에 있는 초고층 오피스 빌딩과 같이 사업장의 소재지 별로 상세하게 분석하고 현황을 파악해 두어야 합니다.

컨틴전시 플랜을 만들고 1년간 아무런 컨틴전시 상황이 발생하지 않아도 1년에 한 번은 담당자들이 모두 모여 매년 컨틴전시 플랜을 업데이트하는 노력을 게을리하지 않아야 합니다. 최소한의 모의 훈련으로 비상연락망을 실제로 가동하는 시도를 통해 컨틴전시 상황에 대한 가장 기초적인 대응을 연습해두어야 합니다. 앞의 글에서 언급한 외국 기업과 같이 서브 오피스를 유지하는 것까지 대안을 준비하지 못하더라도 컨틴전시 플랜에 대한 재검토Annual review와 연간 모의훈련은 꼭 기업의 필수 업무가 되어야 합니다.

둘째, 보험가입으로 기업의 회복탄력성 확보

기업의 자산에 대한 보험가입은 기업의 회복탄력성 Coporate's Resilience을 확보할 수 있는 확실한 방안입니다. 컨틴전시가 발생한 기업은 보험 회사로부터 받은 보험금으로 사업장을 신속하게 재건해야 영업 손실을 줄일 수 있습니다. 그러면 직원들이 빠르게 사업장으로 돌아오게 만들어 근무를 재개할 수 있습니다. 자산에 대한 보험 가입은 기업에 회복탄력성 줄 수 있을 뿐만 아니라, 직원이 사업장의 재난 이후에 실직하지 않도록 보루가 되어줍니다. 자산에 대한 보험 가입은 직원과 가족에게 사회적 회복탄력성 Social Resilience을 보장해주는 기능도 가지고 있습니다.

그러나, 위에 언급한 여섯 가지 시나리오 중에 ③, ④, ⑤, ⑥번의 시나리오에 대해서는 보험으로 컨틴전시 상황에 대한 보호를 받을 수 없습니다. 전쟁, 정치 상황의 악화, SRCC, 팬데믹은 모두 일반적인 기업보험에서 면책사항이기 때문입니다. 보험으로 리스크를 헷지할 수 있는 위험은 ① 자연재해, ② 화재와 폭발 두 가지뿐입니다.

그런데, 우리 기업들이 기업의 자산가액에 대해 보험료를 내고 보험에 가입하는 것은 비용 지출일 뿐이라는 생각이 더 강합니다. 기업 보험 전문가를 양성하고, 보험담당 재무회계 직원과 RM 매니저를 기업 보험이 발달한 미국과 영국에 유학을 보내는 해외 기업들과 확연한 차이를 보입니다. 소수의 우리 대기업만 보험 선진국에서 직원을 연수시키고 전문가를 양성하고 있습니다. 보험료 지출을 줄이기 위해 자산의 가액을 낮게 잡거나 빠뜨리는 실수를 빠르게 수정하는 노력을 시작으로 기업보험에 대한 인식을 높여 놓아야 합니다. 기업의 회복탄력성을 보장받기 위해 보험에 가입하는 중요 자산은 감가가 반영된 장부상의 가액이 아니라, 현시점에서 재조달할 때 필요한 비용을 기준으로 잡아야 합니다.

기업의 자산에 대한 보험 가입이 잘 되어 있더라도, 사업장이 자연재해나 화재로 피해를 입으면 비즈니스가 중단되는 시기를 피할 수 없습니다. 비즈니스가 중단되는 기간에 기업은 수익Net profit을 창출하지 못하는 재정적 손실 상황에 더해서, 동시에 고정비용Standing charge을 계속 지출해야 하는 이중고를 겪습니다. 기업 활동이 멈추고 사업장이 복구되는 기간에 감소하거나 상실된 수익과 고정

비용을 보험금으로 보상받을 수 있는 보험이 있습니다. 기업휴업보험Business Interruption Insurance이라고 부르는 보험입니다. 기업의 재무회계 전문가는 각 사업장의 예정 수익과 고정비용을 분석해 낼 수 있습니다. 컨틴전시 플랜을 만들 때, 재무회계 담당 직원의 개입이 필요한 이유입니다. 가장 큰 문제는 1차적인 자산에 대한 보험료도 부담스러워하는 기업들이 기업휴업보험과 같은 추가적인 보험은 비용 부담을 이유로 잘 구매하지 않는다는 데 있습니다.

그래서, 비즈니스의 규모가 커서 연간 보험료의 지출이 큰 기업은 자가보험회사Captive Insurer를 설립하여 장기적으로 보험료 지출 부담에 대한 대안을 만듭니다. 재무회계 전문가와 보험전문가를 위험관리팀에 채용하고 자가보험회사까지 연구해서 운영하고 있는 국내 기업은 단 한 곳(SK) 밖에 없습니다. 캡티브 보험의 설립과 운영이 활발한 미국 기업에 비해서 국내에서는 거의 무시되는 상황이지만, 보험료 절감 및 컨틴전시 플랜에 대한 인식을 높일 수 있다는 확실한 장점이 있는 위험관리 방법입니다.

셋째, 구조적 대응 체계

이외에도 Cyber attack(사이버 공격)과 같이 새롭게 부각되는 위험에 대응할 수 있는 IT와 보안 전문가의 역할도 컨틴전시 플랜을 구성할 때 포함시켜야 합니다. 기업은 위험관리 부서Risk Management Team를 운영하거나 RM Committee(위험관리 위원회)를 주기적으로 개최하여 구조적인 대응 방법을 항상 고려해야 합니다. 이사회에 CROChief Risk Officer(위험관리 고위 임원)를 두는 기업도 있습니다.

컨틴전시 플랜에 대한 인식이 낮은 기업이 팬데믹에 제대로 대응하지 못했을 때, 기업 활동의 최대 목표인 수익 창출에 장애가 발생하고, 직원들의 안전은 위협받고, 업무 효율이 떨어지는 상황으로 이어졌습니다. 팬데믹 상황에 필요한 컨틴전시 플랜을 제대로 마련해 두지 않았다는 이유로 등기 임원은 소송을 당할 가능성이 있습니다. 등기 임원을 상대로 소액주주들의 집단 소송은 손해 배상 청구로 이어지고, 이는 곧 악재로 인식되어 기관과 외국인 투자자로부터 기업이 외면받게 되는 원인이 될 수 있습니다. 주가가 하락하고 기업 가치가 손상되는 재앙으로 확대될 수 있습니다. 임원이 컨틴전시 플랜의 하나인 기업 보험을 제대로 가입하지 않아 보험 회사로부터 보험금을 제대로 수령하지 못한 회사를 상대로 주주들이 소송을 제기하는 사례가 있었습니다.

다음 팬데믹이 발생하기 전, 우리 기업의 과제는 컨틴전시 플랜입니다.

☑ 세 줄 요약

① 우리 회사가 노출되어 있는 위험은?

② 우리 회사의 컨틴전시 플랜은?

③ 모든 종류의 위험 시나리오에 노출되어 있는 우리나라의 현실은?

GOOD
OFFICE

2부

워크플레이스
리셋 옵션

1

상무님! 전무님!
방에서 뭐하세요?

(형태는 기능에 따른다)

'Form follows function.'

'형태는 기능에 따른다.'

미국의 건축가 루이스 설리번Louis Sullivan, 1856-1924의 말입니다. '형태는 기능에 따른다'라는 말은 독일의 예술학교 바우하우스를 거쳐 지금까지 건축뿐만 아니라 다양한 산업 디자인 분야에 널리 통용되는 중요한 개념입니다.

그런데, 정작 뛰어난 서비스와 놀라운 제품을 잘 만드는 우리 기업이 일하는 모습, 즉 내부의 모습을 보면, 형태가 기능을 잘 따르지 못하고 있습니다. 우리의 오피스 레이아웃이 그렇습니다.

'상무님 방이 꼭 필요할까요?'
'상무님! 전무님! 방에서 뭐하세요?'

상무님과 전무님의 역할과 업무를 고려할 때 방이 필요하지 않다고 판단하면 없앨 수 있습니다. 상무님과 전무님의 임원실은 신입사원 때부터 그렇게 본 것이기 때문에 당연한 일이라고 뇌리에 각인되어 있을 뿐입니다. 뿐만 아니라 재택근무와 유연근무가 확산하면서 매일 사무실로 출근하지 않는 하이브리드 형태의 근무가 증가할 것입니다. 상무님을 영상회의로 만나는 횟수는 늘고, 상무님 방에서 만나는 횟수는 줄어들 것입니다.

상무님이 사무실에서 하는 일Function은 결제, 전화통화, 회의입니다. 실무를 붙잡고 몇 시간씩 보고서를 작성하는 일은 드문 모습입니다. 임원이 대표이사나 최고 경영진에 보고하는 경우에도 보고서는 부하직원들이 작성합니다. 결제는 마우스나 펜만 있으면 되고, 회의는 회의실에서 하면 됩니다.

임원이 되면 외부 활동이 증가하면서 사무실에서 근무하는 시간은 줄어듭니다. 영업과 마케팅 지원을 위해서 외부 활동의 빈도가 높아지거나, 조찬 포럼에 참석하고 조금 늦게 출근하는 경우, 비즈니스 식사와 미팅을 이유로 가장 먼저 사무실에서 나가고 가장 늦게 사무실에 돌아오는 상황이 임원으로 승진하기 전보다 많이 생깁니다. 국내외 출장이 많아지면서 사무실을 비우는 시간은 점점 더 길어집니다. 결제나 컨펌, 승인을 받아야 하는데 상무님 방은 자주 비어있었습니다.

그래서 유럽과 미국, 가까이 홍콩, 싱가포르에 있는 글로벌 기업의 오피스에서 임원실을 없애는 회사들이 늘었습니다. 그렇게 상무님 방을 없애버리고 그 공간을 회의실로 활용합니다. 안마의자와 암막커튼을 설치하고 직원의 휴식 공간으로 만드는 기업도 있습니다.

세계 최고 기업의 CEO가 되어서도 넓은 공간의 CEO Office를 사용하지 않고 직원들과 같이 오픈 워크스페이스에서, 같은 책상에서 근무하고 있는 페이스북 CEO, 마크 저커버그는 많이 알려진 사례입니다. 글로벌 기업에서는 해외 출장이 많다는 이유로 자발적으로 시스템에 자신의 임원실을 오픈하여 회의실로 예약이 가능하도록 하는 경우도 있습니다. 앞으로 재택근무와 유연근무가 더 확산되면 상무님 방의 존재 이유는 더 줄어들지 않을까요?

상무님의 방이 당연히 필요하다고 생각하는 것은 각인 효과와 서열 중심의Seniority-Based System 우리 조직 문화 때문입니다. 기능에 따라Function-Based 합리적으로 사무실 공간을 재배치할 수 있습니다. 물론 정말 필요한 경우라고 판단하면 상무님과 전무님의 방을 무리하게 폐지할 이유는 없습니다. 독립적인 업무공간의 필요를 느끼고 여력이 있는 해외의 기업은 신입사원을 포함한 전 직원에게 1인실 또는 2인실 업무 공간을 제공하는 곳도 있습니다. 사무실의 공간 배치는 연차와 서열에 따를 일이 아니라, 기능에 따른다는 원칙에 충실하기만 하면 좋습니다.

기능에 따른 오피스 공간의 리셋Reset

기능에 따라 오피스 공간을 리셋할 때, 구체적인 방향성을 세 가지로 잡을 수 있습니다.

첫째, 보안과 기밀 유지를 위해서,

임원에게 제공되는 방은 없지만 인사 업무를 다루는 직원에게 직급에 상관없이 방을 제공하는 회사가 있습니다. 인사 담당자는 연봉, 보험, 인사고과와 관련한 개인정보뿐만 아니라, 인재 유지와 재배치 계획, 그리고 인적자원 확보와 관련한 기밀 정보를 다룹니다. 특히 헤드헌팅과 관련한 업무는 기밀 유지가 필수입니다. 인사 담당 직원의 문서와 모니터 화면이 노출되지 않도록 별도의 업무 공간을 제공할 필요가 있는 경우에 직급에 관계없이 별도의 사무공간을 제공합니다. 그리고, 경영과 관련해서 기밀 사항을 다루는 담당자 또는 연구 업무를 수행하는 부서에도 별도의 독립된 업무공간을 제공합니다.

둘째, 회의실이 부족하다고 느낀다면,

기업의 조직도에 변화가 발생하고 있습니다. 피라미드 구조와 트리Tree 형태의 조직도를 탈피하는 조직이 증가하고 있습니다. 이러한 전통적인 조직 구성에 따르면 최상위 정보는 리더가 참석하는 간부 회의에만 공유됩니다. 최상위 리더의 결정으로 업무 지시가 내려오고 직원들은 빠르게 수행하기만 하는 조직은 과거의 모습입니다. 갈수록 조직은 변화에 빠르게 대응할 수 있도록 구성원들이 작은 프로젝트팀이나 매트릭스 구조로 일하는 형태가 증가하고 있습니다. 목표를 설정하고 한시적으로 운영되는 TFTTask Force Team, XFTCross Functional Team의 활용도 빈번해지고 있습니다. HRD 담당자의 코칭이나 멘토링을 도입하는 회사도 있습니다. 모든 경우에 회의실의 사용 빈도는 증가합니다. 회의실을 더 많이 확보하기 위해 출장 등의 이유로 비어있는 시간에 임원의 방을 직원들이 회의실로 예약해서 사용하는 시스템을 갖추는 방법을 도입하는 회사도 있습니다.

셋째, 스튜디오와 휴식 공간

갈수록 비즈니스의 유형을 가리지 않고 출판사, 증권사, 제조업 등에서 블로그 마케팅, 인스타그램 마케팅을 위해서 제품이나 서비스를 온라인에 포스팅하는 업무가 빠르게 증가하고 있습니다. 제품 사진을 찍고, 유튜브 영상을 촬영할 수 있는 스튜디오 공간의 필요를 느끼지만 아직 스튜디오 공간을 제대로 확보하지 못한 회사가 많습니다. 변화하는 상황에 맞춰 스튜디오로 사용할 공간이 필요합니다.

사무실 노동은 시력, 목, 어깨, 허리에 부담을 줍니다. 통증으로 병원이나 한의원 치료를 받는 친구나 동료들을 종종 볼 수 있었습니다. 직원들이 사용할 수 있는 안마의자를 갖춘 휴식 공간이 더 필요하지 않을까요?

사람은 공간Space과 형태Form에 반응한다

공간의 형태는 결국 사람에게 영향을 미칩니다. 집을 청소하고, 자주 사용하지 않는 물건을 중고 시장에 팔아서 공간을 확보하고, 책상을 정리정돈하는 수고로움은 주거 공간의 질quality을 높이기 위한 노력입니다. 휴식의 질이 좋아지고, 자녀의 학습 능률이 올라갑니다.

회사에서 직원은 오피스 공간과 형태에 반응합니다. SNS, 블로그, 유튜브를 통해서 세계적인 기업들의 멋진 휴식 공간을 종종 볼 수 있습니다. 저런 곳에서 일하면 좋겠다는 상상을 하는 순간이 있었습니다. 기업은 오피스 빌딩을 신축할 기회가 생기면 유명 건축가에게 설계를 의뢰하여 아름답고 쾌적한 건물을 새로 짓습니다. 기업이 공간에 많은 비용을 들여 좋은 공간을 확보하면 직원의 스트레스를 낮출 수 있고, 심리적으로 긍정적인 반응을 이끌어 낼 수 있습니다. 반대로 공간의 구조적인 뼈대에 문제가 있다면 오피스에서 구성원이 보여줄 수 있는 긍정적인 에너지는 금방 한계에 도달하기 쉽습니다.

신입사원 때부터 각인된 공간 배치를 그대로 두고 살아야 할 이유는 없습니다. 한정된 사무실 공간은 기능에 따르는 구조Function-based floor plan를 갖출 때 그 안에서 일하는 사람들이 제 기능을 발휘할 수 있습니다.

☑ 세 줄 요약 ─────────────────────

① 형태는 기능을 따른다.

② 오피스의 형태를 기능에 따라 리셋한다.

③ 사람은 공간과 형태에 반응하고, 직원은 오피스 공간의 형태에 반응한다.

2

지금 오피스 레이아웃
괜찮아요?

(나와 우리 팀을 위한 선택)

앞의 글 〈상무님! 전무님! 방에서 뭐하세요?〉를 카카오 플랫폼, '브런치'에 발행했었습니다. 다음 포털사이트의 메인 화면과 모바일 다음앱 '직장IN'탭 상위에 노출되어 며칠 만에 조회수가 7만을 넘었습니다. 오피스 공간의 형태는 기능에 따르고, 필요한 기능에 따라 오피스 레이아웃을 리셋하고, 그러면 사람(직원)은 공간과 형태에 반응한다는 메시지를 담았습니다. 7만 명이 읽었기 때문에 댓글도 많이 달렸습니다. 내용보다는 제목에 반응하는 악플이 있었고, 반대로 코로나 팬데믹을 기회로 사무실 문화와 레이아웃을 리셋할 수 있는 옵션이 생기는 것이라는 댓글도 있었습니다. 댓글에서 의견이 분분했던 이유는 현실의 익숙한 우리 모습과 다른 것을 제시한데 대해 불편함을 느끼는 분도 있었기 때문이라 생각합니다.

그런데, 글의 핵심 내용은 업무에 방이 필요한 조직이라면 모두에게 방을 주자는 데 있습니다. 조용한 업무 공간의 중요성이 높은 회사라면 상무님뿐만 아니라 전 직원에게 1인실 업무 공간을 제공할 수도 있습니다. 실제로 그런 회사와 오피스 레이아웃은 서울에도 존재합니다. 다양한 모습의 오피스 레이아웃에 대해 살펴봅니다.

1. 전 직원 1인실

전 직원에게 1인실 업무공간, 방을 제공하는 회사가 있습니다. 아직 국내 기업의 사례는 발견하지 못했지만, 광화문, 여의도에 있는 외국 기업의 서울 사무소에서 종종 발견되는 유형입니다. 업무 효율 면에 있어서 집중도를 높일 수 있다는 큰 장점이 있는 형태이지만, 삐뚤어지기 시작하면 사일로 효과가 부정적으로 발전하는 데 기여하고, 요즘 들어 재택근무의 단점이라고 지적되는 고립감을 느끼기 쉬운 구조이기도 합니다.

높은 유지 비용이라는 단점에도 불구하고 비즈니스의 유형에 맞춰 필요하다고 생각하고 여력이 된다면 국내 기업도 고려할 수 있어야 합니다. 단, 신입사원을 포함하여 전 직원을 대상으로 1인실을 동등하게 제공해야 합니다. 카페 같은 분위기의 오픈형 업무 공간이 자유롭고 창의적인 조직 문화를 만들 수 있다는 장점을 자랑한다면, 그러한 유행에도 여전히 1인실 업무 공간이 가지는 장점은 분명히 눈에 보입니다. 소음이 없어서 집중하기 좋고, 기밀문서를 보관하기 편리하다는 장점입니다.

부분 재택근무를 하는 요즘, 유연근무와 자율좌석제를 도입한 오피스에도 적용할 수 있는 형태입니다. '전 직원 1인실＋유연근무＋자율좌석제' 형태로 오피스 하드웨어와 소프트웨어가 결합했을 때, 어쩌면 가장 이상적인 업무 공간일 수 있겠다는 생각입니다.

2. 오픈형 워크스페이스

전 직원 1인실제와 반대로, C레벨(CEO, CFO, COO, CMO, CTO etc) 최고경영자를 제외한 모든 직원이 오픈형 워크스페이스에서 일하는 방식입니다. 오픈형 워크스페이스에서는 직급에 따른 업무 공간의 크기에 차별을 두지 않고 모두에게 똑같은 사이즈의 업무 공간이 제공됩니다. 파티션은 매우 낮은 형태로 설치되거나 완전히 제거하는 모습이 됩니다. 운영 방식은 오픈 워크스페이스 안에서 고정좌석제와 자율좌석제 중에서 하나를 회사에서 결정해야 합니다. 선배뿐만 아니라 경험이 많은 상사나 동료가 가까운 자리에 있어서 재택근무를 통해 발견되는 단점, 직접적인 커뮤니케이션에 대한 갈증이 없다는 것이 장점입니다.

눈에 띄는 단점들이 분명히 존재하지만, 좋은 선택을 하고 잘 운용한다면 비용 측면에서 장점이 크기 때문에 앞으로 더 많이 생기게 될 것이라 예상합니다. 다만, 자율좌석제를 결정한 오픈 워크스페이스에서는 선배나 높은 사람이 좋은 자리를 독점하는 경향을 배제시키려는 노력이 있어야 합니다. 부족한 수납공간에 대한 대책, 오픈형에서 오는 태생적인 소음에 대한 대책을 세워야 합니다. 장단점 및 운용 방법에 대해서는 다음 글에서 자세히 언급하려고 합니다.

3. 리더 집중형 레이아웃

팀장이나 관리자가 제일 앞에 앉고, 직급에 따라 높은 순서부터 팀장 바로 뒤에 앉는 방식입니다. 그러면 전문성과 업무 숙련도가 낮은 주니어 직원이나 백오피스를 담당하는 직원이 오히려, 창가 쪽 꿀맛 자리에 앉아서 일하는 모양이 됩니다. 우리나라에서 보기 힘든 낯선 풍경의 레이아웃입니다. 팀장은 제일 앞자리에 앉고, 어떤 경우에는 한 뼘 높이의 단상이 있는 가운데에 자리하기 때문에 팀장 또는 관리자의 자리는 항상 100% 노출되어 있습니다. 팀 단위의 일이 타임라인에 쫓기는 일, 혹은 모든 팀원이 하나의 일에 매달리는 경우에 이런 낯선 레이아웃을 활용합니다.

작동원리를 이해하기 위해 종합병원 외상센터 이국종 교수님(팀장 역할)이 응급실에서 수술하는 장면을 떠올려 봅니다. 심각한 외상 환자가 응급실에 오고 수술대에 선 외과 이국종 교수 옆이나 뒤로 마취과, 영상의학과, 피부과, 내과, 정형외과 의사와 간호사들이 모여듭니다. 짧은 골든 타임에 종합병원의 장비와 인적 자원, 모든 역량을 작은 수술대로 모으는 있는 원리입니다. 수술대 바로 앞에 선 수술의 총책임자인 외상 전문 외과 의사(팀장 역할)를 위해 뒤에서 여러 전문의와 간호사, 장비들을 총동원하기 위함입니다.

미국의 금융회사들이 종종 사용하는 방식이며, 팀의 모든 역량을 제한된 시간에 결집해서 의사결정을 내려야 하는 비즈니스에서 필요한 형태입니다. 입찰 시간과 거래 시간에 맞춰 항상 팀원의 긴장도를 높여서 긴박하게 아이디어를 내고, 팀원이 엑셀을 돌려서 나오는 값을 다른 팀원이 실시간으로 비교 분석하면서, 팀장이 제일 앞줄 또는 가운데 자리에 앉아 결정을 내립니다. 동시에 또 다른 팀원은 입찰 또는 실시간 거래를 위해 툴을 담당하는 모양을 생각하면 됩니다.

긴장감과 스트레스 지수가 높다는 단점이 있지만, 팀원 전체가 한 가지 업무에 매달리는 경우, 프로젝트 팀 업무, 일정이 급박할 때 효과적으로 성과를 낼 수 있는 레이아웃입니다.

4. 코워킹 스페이스(공유 오피스)

메뚜기식 핫데스크가 필요한 1인 사업자 프리랜서나, 스타트업의 스타트 시점, 또는 사내 창업 프로젝트에서 활용하기 좋은 공유 오피스가 있습니다. 조직을 갖추기 전이나 특수한 목적으로 사용하기 좋습니다. 그러나, 초소형 단기 부동산 임대사업의 목적이 레이아웃에 반영되기 때문에 오래 사용하면 오히려 비용 부담이 높아질 수 있는 방식입니다. 그래서 조직이 커지면 비용 부담이 커질 뿐만 아니라, 공간이 협소하고, 회의실 예약과 사용, 주차, 보안 문제에 취약한 부분도 있습니다.

5. 전통적인 서열 중심 레이아웃

전통적인 오피스 배치의 장점을 크게 보고 변화에 민감할 필요가 없는 조직에서 필요성을 느끼지 않으면 꼭 다른 방식으로 고쳐야 할 이유가 없습니다. 재택근무보다 사무실 출근을 선호하는 사람도 있듯, 팀장이나 관리자가 뒤에 앉는 일반적인 레이아웃을 완전히 배제할 이유도 없습니다. 비즈니스에 변화가 없거나, 위협이 될만한 상황을 겪지 않는 안정적인 비즈니스 모델에 만족하고, 무엇보다 직원들이 변화를 원하지 않는다면 굳이 비용을 들여 컨설팅을 받거나 새로 내부 인테리어 공사를 할 필요는 없습니다.

이외에도 건축가나 디자이너의 아이디어가 번뜩이는 재미있는 유형의 오피스들이 다양하게 있습니다. 사옥이나 임차한 오피스 빌딩의 입지가 뛰어나고 뷰가 장점인 경우에 뷰의 장점을 최대한 살리는 레이아웃을 선택하기도 합니다. 언급한 여러 가지 유형의 사무실을 한 번에 볼 수 있는 재미있는 도시가 있습니다. 홍콩의 큰 오피스 빌딩에는 타이완, 홍콩, 중국계 기업, 유럽과 미국, 그리고 한국과 일본의 기업들이 다양하게 뒤섞여 있습니다. 야경을 보러 가는 홍콩 센트럴이나 완차이 지역의 고층 오피스 빌딩 하나를 잘 둘러보면, 입주 기업들이 선택한 다양한 오피스 레이아웃을 한곳에서 볼 수 있습니다.

제가 좋아하던 「비정상회담」이라는 TV프로그램이 있었습니다. 방송에 출연한 김영하 작가는 "종이책은 완벽한 발명품"이라고 말한 움베르트 에코를 언급하며, 종이책이라는 물성과 형태는 완성형이라는데 동의하면서 종이책이 가진 장점들을 짚어주었습니다.

2010년 경, 아마존에서 처음 전자책을 출시했을 때, 서점 주인들은 값싸고 편리한 전자책이 완벽한 발명품이라고 생각해온 종이책에 거대한 위협이 될 것이고 언젠가 종이책은 사라지게 될 것이라 우려하던 시기가 있었습니다. 서점은 존폐를 걱정했습니다. 그러나 시간이 흐르면서 전자책은 성장이 더뎌졌고, 종이책은 사라지지 않았습니다. 요즘은 전자책에 더해 더 새로운 형태의 오디오북도 등장하고 있습니다. 전자책과 오디오북은 완벽한 형태의 발명품 종이책의 대체재가 아니라 콘텐츠를 소비하는 방법을 다양하게 만들고, 콘텐츠 접근을 편리하게 해주는 보완재로서 기능하고 있습니다.

책의 핵심이 콘텐츠라면, 사무실 공간의 핵심은 일을 잘하는 것입니다. 팬데믹을 겪으며 ICT 기술은 재택근무와 리모트워크가 가능한 수준에 이르렀음을 확인했습니다. 일하는 공간은 사무실이든, 재택근무를 하는 집이든, 워케이션을 하는 리조트이든, 공항의 라운지든 크게 상관이 없는 세상이 되었습니다. 완벽한 발명품 종이책이 전자책, 오디오북과 공존하면서 콘텐츠를 소비하는 방법을 다양하게 만든 것처럼, 완벽한 업무 공간인 사무실과 다양하고 새로운 업무 공간은 공존하면서 함께 활용될 것입니다.

유연근무, 재택근무, 리모트워크는 앞으로 더 확산할 것입니다. 팬데믹이 발생하기 전에 외국에서 그랬고, 팬데믹을 겪으며 우리도 그 변화의 가운데에 있습니다. 앞서 언급한 여러 가지 오피스 레이아웃 중에서 나와 우리 팀에 맞는 방식을 선택하거나 혼합하는 방법을 찾아야 할 것입니다. 단순히 내가 앉고 싶은 자리가 아니라, 우리 팀과 내가 업무에 집중할 수 있는 새로운 오피스의 형태를 생각할 수 있어야 합니다.

✓ **세 줄 요약**

① 다양한 오피스 레이아웃이 있어요.

② IT 기술의 발전으로 일하는 모습과 도구가 변하고 있어요.

③ 지금 오피스 레이아웃 최선인가요?

3

오픈형 워크스페이스의
장단점

(두 가지 시선, 무엇을 보는가 vs 어떻게 보는가)

People don't resist change.

They resist being changed.

사람은 변화에 저항하는 것이 아니라,

변화의 대상이 되는 일에 저항한다.

— Peter Senge, MIT 슬론 경영대학원 교수

조직 안에서 조직개편으로 또는 경쟁사의 한 발 앞선 혁신으로 변화하지 않으면 안 되는 경우에 선택하는 변화는 타의에 의한 것이기 때문에 두려운 일이 됩니다. 그런 변화에 따르는 업무에는 피곤함을 느낄 수밖에 없습니다.

피터 센게 교수의 말처럼 우리는 변화 그 자체에 저항하는 것이 아니라 변화를 당하는 일, 즉 변화의 대상이 되는 일에는 두려움을 느낍니다. 이와 다르게 자발적인 동기에 의해서 변화를 만들어본 일은 즐거운 기억으로 남습니다.

재택근무와 유연근무의 확산은 이미 '뉴 노멀'의 영역으로 자리 잡았습니다. 높은 큐비클에 둘러싸인 1인용 워크스페이스로 가득한 독서실형 오피스 레이아웃을 회사가 이사할 때, 오픈형 워크스페이스의 형태로 변경하는 회사들이 늘었습니다. 팬데믹의 상황이 2년이 넘어간 지금, 재택근무의 횟수를 점점 늘려 가는 기업은 말할 것도 없고, 사무실 출근주의를 고집하는 기업도 오픈형 워크스페이스로 변신을 생각합니다. 서울에 있는 외국계 기업 중에 전 직원 1인실제로 오피스 레이아웃을 유지해온 기업도 다음 이사 갈 기회에 오픈형 워크스페이스로 전환을 결정한 기업이 있습니다.

오픈형 워크스페이스의 모습을 살펴보면, 한쪽에는 높이 조절식 책상이 가득 설치되고, 다른 공간에는 크고 작은 회의실이 있습니다. 주로 가운데 공간이거나 뷰가 좋은 방향에 대형 라운지 공간이 있습니다. 전과 비교해서 높이 조절식 책상은 크기가 조금 작은 편이지만, 파티션이 사라진 형태이기 때문에 전체적으로 쾌적한 느낌을 받습니다. 책상의 크기와 숫자가 줄고, 직원수보다 적은 수의 책상이 설치된 오피스의 전체 면적은 오픈형 워크스페이스로 전환하기 전보다 오히려 줄어든 모습일 수도 있습니다. 회사 경영에 있어 무시하기 어려운 매력적인 비용 감소라는 장점이 생깁니다. 동시에 개인의 프라이버시 노출과 소음 문제를 이유로 변화에 저항하는 구성원도 생길 수 있습니다.

단점도 분명히 존재하기 때문에 오픈형 워크스페이스를 도입할 때, 좋은 선례와 나쁜 선례를 참고하여 시행착오를 줄이는 노력이 필요합니다.

오픈형 워크스페이스의 장점

1. 비용

재택근무가 늘면 반대로 사무실에 출근하는 날은 감소합니다. 사무실에 출근하는 사람이 줄면서, 비어있는 책상이 늘어납니다. 재택근무가 확산하는데 공간에 아무런 변화를 주지 않은 기존의 사무실 레이아웃이라면 비어있는 자리가 전보다 늘어납니다. 비어있는 공간에도 고정 비용이 계속 지출되는 비합리가 발생합니다. 오픈형 스페이스로 전환한 후에도 고정좌석제를 오픈형 워크스페이스에 적용하는 사례가 가끔 있지만, 그렇게 하면 전통적인 사무실 레이아웃에 파티션 칸막이만 없애는 미미한 변화만 생기는 구조가 되어 버립니다. 공간의 소음 데시벨만 높이는 부정적인 효과만 남기는 방법입니다.

오픈형 워크스페이스의 장점을 제대로 활용하려면, '자율좌석제'를 선택해야 합니다. '오픈형 워크스테이션+자율좌석제'를 선택해야 직원 수보다 적은 수의 워크스테이션을 유지할 수 있고 사무실 유지 비용의 감소라는 장점을 누릴 수 있습니다. 재택근무 일수와 휴가의 수를 확인하고, 평균적인 출장일을 계산하여 우리 조직에 필요한 좌석수를 예측할 수 있습니다. 총 구성원이 100명이라면 최소 50개에서 많아야 80개의 워크스테이션을 두고도 사무실 레이아웃을 효율적으로 활용할 수 있습니다.

2. 소통

업무에 창의성을 발휘하거나 새로운 아이디어의 도출이 중요하지 않는 조직이라면 꼭 오픈형 레이아웃을 선택할 필요는 없습니다. 때로는 독서실과 같이 조용함이 최우선인 조직도 있습니다. 그러나, 새로운 아이디어를 도출하기 위해 소통이 중요한 조직이라면 독서실과 비슷한 모양의 폐쇄적인 업무공간보다 오픈형 워크스페이스는 소통에 강점을 가질 수 있습니다. 비즈니스를 위한 새로운 아이디어를 도출할 수 있는 창의성은 열린 공간, 천장이 높은 공간에서 더 활발하게 작동합니다. 물론 창의적인 아이디어가 큐비클로 막힌 공간에서 전혀 발현되지 않는 것은 아니지만, 칸막이가 높은 폐쇄적인 공간에서 소통의 빈도는 낮고, 깊이는 얕을 수밖에 없습니다.

구성원 사이에 소통을 유도하기 위해 오픈형 워크스페이스를 도입하는 회사는 파티션의 높이는 낮추거나 완전히 제거합니다. 같은 목적으로 업무 공간과 완전히 분리된 카페 같은 분위기의 휴식 공간을 확보합니다. 책상 의자와 달리 푹신한 의자를 두고 짧은 휴식의 질을 높일 수 있는 공간에서 편안하게 이야기하고, 짧은 미팅이나 회의에 더 편리하도록 의자를 두지 않는 스탠딩 테이블을 배치합니다.

세 가지 단점과 대책

1. 상사/선배의 자리 독점

자율좌석제로 운영되는 사무실에서 선배나 상사가 일반적으로 더 선호하는 창가나 구석자리를 독점하려는 나쁜 관행이 발견되는 경우가 있었습니다. 이렇게 오픈형 워크스페이스가 가진 장점을 죽이는 습성이 자리 잡는 불행으로 이어지는 것을 막아야 합니다. '청바지 입은 꼰대'라는 말처럼, 겉모습과 달리 나쁜 습성을 그대로 유지하려는 위계질서가 그대로 스며들도록 방치해서는 안됩니다. 처음 오픈형 워크스페이스를 도입하는 국내 기업에서 종종 시행착오의 사례로 언급되었습니다.

오픈형 스페이스의 장점인 소통과 수평적 조직문화 형성에 도움이 된다는 특성을 잘 살리기 위해서 같은 자리의 사용을 2~3일로 제한하는 방법을 쓸 수 있습니다. 팀장을 포함하여 모든 팀원들이 로테이션으로 자리를 바꿔 앉는 룰을 정하는 것도 초기에 사용할 수 있는 방법입니다. 서로 눈치 보거나 비난하지 않고 '자율좌석제+오픈형 공간'이 자리 잡을 수 있도록 좋은 사례와 나쁜 사례를 공유하는 교육 기회가 필요합니다.

2. 수납공간

오픈형 워크스페이스를 선택하면 사무실 임차료 등의 고정비용 지출을 줄이기 위해 조금 좁은 업무용 책상을 설치하는 것이 대부분입니다. 그리고 오픈형 오피스를 새로 셋업하면서 구매하는 높이 조절식 책상Adjustable desk은 장점이 있지만, 일반적인 책상보다 좁은 제품들이 많습니다. 자율좌석제로 운영되면, 책상에 딸린 서랍을 없애거나 아주 작은 형태로 부착된 책상일 가능성이 높습니다.

그래서 부족한 수납공간에 대한 대책으로 락커Locker를 설치합니다. 코트룸과 함께 오피스 공간의 구석에 락커를 설치하기 때문에 사무실 의자나 빈 공간에 두던 겨울 외투를 깔끔하게 수납할 수 있는 장점도 생깁니다.

3. 소음

오픈형 업무공간에서 나오는 태생적인 문제인 소음에 대

한 대책을 세워야 합니다. 소음은 오픈형 공간의 가장 큰 단점이었습니다. 많은 기업들이 시행착오를 분석하여 효과적으로 오픈형 업무공간을 사용하는 방법으로 두 가지가 있습니다. 전 직원에게 블루투스 헤드셋을 지급하는 방법과 전화부스Phone booth를 설치하는 것이었습니다.

국내외 기업들이 도입한 전화부스는 전반적으로 크기가 작지만 형태는 동일하지 않았습니다. 초기에는 공중전화 박스와 같이 서서 통화만 할 수 있도록 만든 아주 작은 사이즈의 전화부스를 사무실 곳곳에 설치하였습니다. 노트북과 연결된 블루투스 헤드셋을 쓰고 전화부스에 들어가서 업무 통화를 하거나, 사적인 통화가 필요할 때에도 오픈형 업무공간에 소음을 감소시키는 방법입니다. 핸드폰으로 사적인 전화가 왔을 때, 빈 회의실이나 복도로 뛰어나가는 불편이 줄어드는 부수적인 효과도 가지고 있습니다.

초미니 전화부스가 가진 장점에 더해서 작은 테이블과 의자가 들어가는 2~3인용 전화부스를 만들면 공간 활용도와 효율이 높아집니다. 2~3인용 전화부스를 설치하면 컨퍼런스콜이나 영상회의를 할 때 전화부스에 앉아서 노트북을 열어 회의에 참석할 수 있고, 필요할 때 작은 회의실로 손쉽게 이용할 수 있습니다. 자주 사용하지 않는 큰 회의실은 비어있는 시간이 많은 반면, 필요를 느끼지만 항상 부족하다고 느끼는 작은 회의실의 보완재로서 2~3인용 통화부스를 활용할 수 있습니다.

아주 작은 크기의 1인용 전화부스와 3인까지 수용 가능한 전화부스를 혼용해서 설치하면 더 좋은 효과를 볼 수 있습니다. 같은 층에 일하는 직원수와 통화와 컨퍼런스콜의 빈도를 분석하고 필요한 전화부스의 개수를 정할 수 있습니다. 2~3인용 크기의 전화부스가 회의를 목적으로 자주 사용되더라도 전화부스의 활용은 예약시스템에 포함하지 않아야 합니다.

오픈형 워크스페이스로 전환은 무조건 공사를 거치거나, 오피스가 이전할 때까지 기다려야 얻을 수 있는 것이 아닙니다. 실제로 긴 연휴나 주말을 통해 단순한 레이아웃의 변경만으로 오픈형 업무공간으로 변신을 시도하는 조직이 있었습니다. 이사를 하지 않아도 전화부스를 설치하고, 파티션을 제거하는 작은 공사를 합니다. 파티션 칸막이가 설치된 독서실형 업무 공간은 집중 업무가 필요할 때 사용할 수 있도록 한쪽 공간에 몇 개만 남기는 레이아웃을 씁니다. 그리고 자율좌석제를 시행합니다. 큰 비용 투자 없이 오픈형 워크스페이스를 시도해 볼 수 있는 방법입니다. 새로 오피스를 이전하면서 공사를 하고 오픈형 워크스페이스로 전환을 시도한다면 더 효율적이고 아름다운 오피스를 구현할 수 있습니다.

☑ 세 줄 요약

① 사람은 변화 자체를 두려워하는 것이 아니다.

② 새로운 오픈형 워크스페이스에도 단점이 있고 시간을 가지고 보완하는 노력이 필요하다.

③ '자율좌석제+오픈형 워크스페이스'는 수평적 조직문화, 소통, 창의성 생성에 도움을 준다.

4

워크플레이스의
무한 확장

(우리나라에서 워케이션이 어려운 이유)

이제 재택근무는 팬데믹의 시간 속 일상에 안착하고 뉴노멀의 영역으로 인식되는 리모트워크의 한 가지이면서, 가장 기초적인 리모트워크의 방법입니다. 단순 재택근무 이외에 위성근무, 유연근무가 혼합된 근무 방식이 생기고, 팬데믹이 한 고비를 넘길 즈음에는 가장 난이도가 높은 리모트워크 방식인, '워케이션Workation'을 도입하는 기업도 생겼습니다.

워케이션이란 Work와 Vacation의 조합으로 만들어진 말입니다. 집에서 근무하는 재택근무와 비슷해 보이지만, 오피스나 집이 아닌 휴가지에서 일하는 형태의 근무 방법입니다. 휴가를 통해 누릴 수 있는 질 높은 휴식과 업무 성과, 두 가지를 동시에 달성하겠다는 목표를 둡니다.

워케이션은 휴가를 사용하지 않고 휴가지에서 근무하면서 워라밸을 확보하고, 오피스를 벗어나는 것만으로 분위기를 전환하여 직원의 창의성 발휘 가능성을 높일 수 있다는 장점이 있습니다. 창의성이란 본질적으로 압박과 스트레스가 가득한 환경보다 워라밸이 보장된 편안한 워크플레이스에서 발휘될 가능성이 높기 때문입니다. 창의성이 필요한 기획과 개발 업무와 사무실보다 조용하고 집중력을 발휘했을 때 높은 성과를 기대할 수 있는 업무가 많은 조직에서 좋은 선례를 발견할 수 있습니다.

워케이션의 필요를 느끼고, 무리 없이 수행할 수 있는 준비가 되어있고, 워케이션으로 이룰 수 있는 목표를 설정할 수 있다면 워케이션의 도입을 망설이지 않아야 합니다. 직무의 특성과 비즈니스에 따라 재택근무와 유연근무를 도입하는데 어려움이 있었던 조직이라면 빠른 포기도 선택지에 둘 수 있어야 합니다. 워케이션이 조직에 잘 맞지 않는 회사도 분명히 있습니다. 꼼꼼한 준비 없이 워케이션을 도입하면 초기에는 문제점도 발견됩니다. 우리나라 기업이 워케이션을 도입할 때, 고려해야 하는 세 가지 요소에 대해 알아봅니다.

1. 목표 설정

공공기관, 공기업에서 워케이션을 도입하고 있는 사례입니다. 우선 속초, 강릉, 제주에 숙소를 잡고, 공유 오피스를 임대합니다. 공유 오피스가 아니면 카페에서 근무하거나 지역의 도서관을 활용합니다. 워케이션을 처음 시도하는 파일럿 단계에서는 호텔비, 교통비, 체류비를 지원합니다. 모두 비용이 발생하는 일입니다.

매일 출근하던 오피스와 다른 환경, 재택 근무지인 집과 다른 환경을 위해 추가로 비용을 발생시켜야 하는 부담이 발생할 뿐만 아니라, 해결해야 하는 또 다른 문제점들이 발견됩니다. 가족과 떨어져 있는 기간에 대한 준비, 자녀 통학, 사교육에 대한 대안 등의 문제는 워케이션을 고려할 때 동시에 해결해야 하는 숙제가 생깁니다. 아직은 도입 초기 단계이므로 워케이션 자체를 목표로 설정하고 워케이션을 시도하고 있기 때문에 문제점들이 보이기 시작했습니다.

기업에서는 추가 비용을 들여서 워케이션을 실시할 때, 워케이션 장소에서 수행하면 더 효율이 좋은 업무와 시기를 찾아야 합니다. 유럽의 워케이션과 같이 주로 가족 문제에 대한 대안으로 또는 워라밸 확보를 위해 워케이션을 리모트워크의 한 가지 형태로 인식해야 합니다. **워케이션은 일하는 방식에 있어서 새로운 수단의 하나이지 그 자체가 목표가 되어서는 안 됩니다.** 워케이션이 우리 조직에 필요한 근무 방식인지 신중하게 검토해야 합니다. 그리고 워케이션의 목표를 설정하고 자녀가 있는 직원이라면 자녀 교육 문제에 대한 고려도 있어야 합니다.

2. 워케이션이 잘 정착한 유럽과는 다른 환경

팬데믹 이후로 새로운 근무 방식의 하나로 워케이션이 도입되고 있지만, 유럽에서는 2000년대 중반부터 워케이션의 개념이 생기기 시작했습니다. 아이폰이 나오기 전에 3G 블랙베리 휴대폰으로 일하고, 팩스 대신 '아웃룩 익스프레스'와 '로터스 노츠'가 이메일 도구로 활용되기 시작할 무렵부터 굳이 사무실에 출근하지 않아도 되는 날에는 재택근무를 하거나 휴가지에서 근무하는 사람들이 생겼습니다. 유럽에서는 워케이션의 개념이 생기고, 실제 생활에 녹아들었을 때에도 워케이션이라는 말을 사용하지 않았습니다. 팬데믹 이후로 미국, 유럽에서, 그리고 국내에서도 워케이션이라는 용어를 널리 사용하기 시작했습니다.

국내에서 주말에 여행하거나 가족 방문을 위해서 이동하면 많아야 5만 원 내외의 교통비가 발생합니다. 전국 어디로 가든 이동 시간은 길어야 3시간 남짓인 여건입니다. 유럽의 상황은 우리와 다릅니다. 휴가든 가족 방문이든 이동 시간이 우리보다 훨씬 긴 경우가 대부분입니다. 파리에서 일하는 직원이 가족을 만나러 같은 프랑스어권 스위스 로잔이나, 벨기에 브뤼셀로 이동하는 경우가 있습니다. 기차로 이동하더라도 국제선 열차를 이용하면 이동 시간이 길고, 국제선 기차표의 가격은 우리나라와 달리 상당히 비싼 편입니다. 유럽에서 주말에 혹은 경조사로 가족을 방문하는 일은 비용과 시간 측면에서 상당히 부담이 되는 일입니다.

우리와 다르게 유럽 사람들의 가족 구성은 복잡합니다.

파리지앵 남편의 아내가 독일어를 구사하는 스위스 사람Swiss-German인데, 스위스인 처제가 독일 뮌헨에서 일하고 약혼자의 고향인 독일 서부 쾰른에서 결혼식을 하는 경우에 결혼식에 참석하지 않을 수 없습니다. 복잡해 보이지만, 유럽에서는 아주 흔하게 볼 수 있는 가족 구성입니다. 주말에 프랑스 파리에서 독일 쾰른까지 이동해야 할 때 떠올릴 수 있는 대안이 워케이션이었습니다. 결혼식이나 경조사를 위한 교통비와 숙박비는 모두 직원 개인의 지출입니다. 주말에 왕복으로 이동을 해내는 것도 컨디션 유지에도 만만치 않은 부담이 됩니다. 주말을 이용해 파리에서 쾰른까지 결혼식에 참석한다면 이동을 위해 긴 시간을 기차 안에서 보내야 하기 때문에 실제로 쾰른에서 보낼 수 있는 시간은 짧습니다.

그래서 블랙베리와 이메일이 업무에 뉴노멀로 자리 잡을 무렵부터, 유럽에서는 직원이 비싼 기차표를 부담하면서 긴 시간 이동을 해야 하는 경우에 가족과 함께 긴 시간을 보내고, 주말여행을 편안하게 계획하고 다녀올 수 있도록 워케이션이 인정되었습니다. **상사든 부하직원이든 워케이션이 필요한 이유가 똑같기 때문에 자연스럽게 자리 잡을**

수 있었습니다.

우리 기업에서 워케이션을 생각할 때, 직원들의 형평성을 고려하고 예산을 마련해야 하는 것과 같이 머리가 아파오는 일부터 떠올리게 됩니다. 유럽에서는 우리와 다른 이유로 워케이션의 개념이 생겼고, 서로를 배려하는 마음으로 쉽게 자리 잡을 수 있었습니다. 우리나라는 태생적으로 영토가 작은데 비해 교통수단이 너무 빠르고 저렴하다는 장점이 워케이션 문화가 이질감없이 자리 잡는 데에는 오히려 방해 요인으로 작용합니다. 우리 기업의 1주일 워케이션 프로그램은 자녀와 가족문제를 별도로 생성하지만, 유럽의 워케이션은 가족 문제를 해결하기 위함이었습니다.

복잡한 가족 구성과 달리 단일 민족이라는 가족 구성의 특징, 그리고 유럽에 비해 짧은 이동거리와 상대적으로 저렴한 교통비 때문에 우리나라에서는 유럽과 다른 방식으로 워케이션이 도입되고 있는 상황입니다.

3. 프리랜서의 워케이션과 구분

조직에서 워케이션을 제도화하는 일이 어려운 이유는 인

사 제도, IT 장비 및 소프트웨어, 보안, 형평성, 직무분석 등의 고려사항이 많고 복잡하기 때문입니다. 프리랜서는 1인 사업자의 사업 주체이므로 그런 어려움에서 비교적 자유롭습니다. SNS와 유튜브를 통해 볼 수 있는 프리랜서의 워케이션 모습은 조직의 워케이션과 비슷해 보이지만 실상은 아주 많이 다를 수밖에 없습니다. 프리랜서는 아침형 패턴의 사람이 아니거나, 컨디션이 안 좋을 때, 피곤할 때 늦게 일어나서 일하고 늦은 시간까지 자유롭게 근무시간을 조정할 수 있습니다. 주말에 근무하고 주중에 쉬는 날을 자유롭게 정할 수도 있습니다. 하지만 워케이션을 하는 회사의 직원은 하루에 정해진 근무시간을 준수하고, 인사제도에 따라, 워케이션 장소에서 정보 보안을 항상 생각해야 합니다.

프리랜서는 1인 사업자이므로 조직의 워케이션과 구분이 되어야 하는데 우리나라에서 초기에 SNS와 유튜브를 통해 먼저 검색되는 워케이션의 모습은 프리랜서의 사례가 아직 더 많아 혼동을 부를 수 있습니다. 조직은 워케이션을 실시하기 위해 현행 인사제도의 검토, 근무 규칙의 수정, IT 장비와 프로그램의 점검, 정보 보안 방침의 재교육, 직군/직무 간 형평성 고려 등의 수많은 사항을 꼼꼼하게 챙겨야 하기 때문입니다.

그러면 어떻게 워케이션의 개념이 따로 없어도 리모트 워크와 유연근무의 확장으로 보고 오래전부터 워케이션 문화가 일상으로 깊숙이 녹아든 유럽의 워케이션은 어떨까요?

첫째, 워케이션 자체가 목적이 되지 않습니다. 주로 가족 문제를 이유로 '롱 위크엔드Long weekend', 워라밸 확보를 위해 '롱 베케이션Long/Extended vacation'을 목적으로 두고, 워케이션을 수단으로 인식하고 활용합니다. 휴가가 끝나고 휴가지에서 좀 더 시간을 보내거나, 휴가가 시작하기 전에 휴가지로 먼저 이동해서 리모트워크하는 방식으로 활용됩니다.

둘째, 워라밸의 역사가 길고, 휴가에 대한 인식이 다릅니다. 유럽인들의 휴가는 체류형으로 짧아도 알차게 즐기려는 우리의 휴가 방식과 다릅니다. 체류형 휴가로 재충전하기에 좋은 리조트나 와이너리에 딸린 숙소에서 장기

투숙하거나, 다양한 형태의 팜스테이Farm stay를 경험합니다. 구호만 남은 우리의 지속가능성이 아니라 진정한 의미에서 지속가능성을 고려하고 개인의 회복탄력성Personal resilience을 확보하고 유지하기 위한 문화가 잘 스며들어 있습니다.

셋째, 인프라가 좋습니다. 유럽의 회사들은 사무실을 셋업할 때, 오피스 레이아웃을 디자인하는 단계에서 재택근무자, 장기 출장자, 다른 지점에서 오는 워케이션 방문자의 수를 예상하여 업무 공간을 설계합니다. 체류형 휴가가 가능한 휴양도시에 머물면서 필요한 경우에 가까운 회사의 지점이나 사무소를 방문할 수 있도록 준비해둡니다. 유럽은 전역에 워케이션에 적합한 숙소들이 발달한 반면, 우리는 이제 강원도와 제주도가 워케이션 장소로 언급되고 있고, 미국은 콜로라도, 하와이, 플로리다 주의 휴양 도시들이 최근 들어 워케이션 장소로 각광받고 있습니다.

사례 1.

선박 브로커 회사에 근무할 때, 런던 본사에서 한국을

담당하는 영국인 동료는 그리스 해운회사의 클라이언트를 만나기 위해 아테네와 피레우스로 출장을 떠났습니다. 1주일의 출장이 끝나고, 동료의 여자 친구는 런던에서 그리스로 휴가를 떠나 동료와 만났습니다. 동료는 출장 일정을 마치고 1주일 동안 그리스의 섬에서 워케이션을 하고, 동료의 여자 친구는 함께 체류형 휴식을 즐겼습니다. 동료의 항공권과 교통비는 출장비로 충당하였고, 여자 친구의 항공권만 개인이 부담하면서 워케이션할 수 있었습니다. 두 사람은 사내 커플이었고, 그 후에 결혼했습니다. 일과 휴가를 필요한 시기에 잘 조합할 수 있었던 워케이션입니다.

사례 2.

스위스 남부에는 이탈리아어를 공용어로 하는 '티치노Ticino Canton'라는 지역이 있습니다. 티치노 주 출신이라 이탈리아어를 완벽하게 구사하는 동료는 스위스 취리히에 근무하고 있었고, 동료의 남동생은 이탈리아에서 항공사에 근무하다가 태국 방콕으로 전근가게 되었습니다. 급하게 방콕으로 떠나는 동생을 만나지 못했던 동료는 몇 달 뒤 동생의 방콕 생활이 정비되었을 때 동생을 방문하기로 했습니다. 오랫동안 만나지 못한 동생의 방콕 집에 거주하면서 방콕에서 한 달간 워케이션할 수 있었습니다. 워케이션으로 방콕과 아시아 생활을 경험한 동료는 이후에 스위스에서 아시아 싱가포르로 이주를 결정했습니다. 워케이션이 커리어에서 이주와 승진에 결정적인 역할을 한 사례입니다.

사례 3.

서울에서 근무할 때 상사가 호주 시드니 지점 소속의 호주 사람이었습니다. 상사는 아시아 태평양 지역을 담당하는 임원이었고, 시드니에 있는 시간보다 출장으로 아시아의 다른 도시에 머무는 시간이 더 길었습니다. 초등학생인 아들을 혼자 돌보기 힘들었던 상사는 어린 아들을 친척들과 할머니가 있는 영국 시골의 학교에서 공부하게 했습니다. 원래 상사의 뿌리는 영국인 가족이었습니다. 영국에 있는 아들이 중요한 축구 경기에 출전할 때마다, 주말 동안 서울에서 런던을 방문하고 다시 아시아에 돌아와서 일하는 경우가 잦았습니다. 2박 3일 스케줄로 아시아 공항과 런던 공항을 오가며 아들을 응원했습니다. 어린 아들을 돌보기 위해 종종 영국의 시골에서 한 달 이상 체류하는 경우에도 필요할 때는 런던 오피스로 출근할 수 있었지만, 본질은 시드니 지점 소속의 직원이 영국의 시골에서 워케이션을 하는 모양이었습니다. 싱글 아빠의 자녀 교육이 워케이션의 사유가 된 사례입니다.

유럽에서 워케이션은 가족과 업무, 두 마리 토끼를 동시에 잡기 위한 목적으로 서서히 일상에 스며들었습니다. 회사에서 **'우리도 워케이션 해보자', '제주도에 워케이션 숙소와 공유오피스를 준비했습니다'로 시작하는 우리의 모습보다 훨씬 자연스러운 시작**이었습니다. IT 기술이 지금보다 훨씬 수준이 낮았던 20년 전부터 시도되었던 것이 유럽의 워케이션입니다. IT 기술은 도움을 주는 중요한 도구, 워케이션은 일을 하기 위한 수단이고, 목적은 롱 위크엔드와 롱 베케이션을 확보하기 위함이었습니다.

작은 영토에 비교적 저렴하면서 빠른 교통수단이 발달한 우리나라의 상황은 유럽과 비교할 때 워케이션 문화가 자리 잡는데 작은 장애물이 되지만, 우리의 조건에 맞게 워케이션의 장점을 이용할 수 있어야 합니다. 제주도와 동해의 바다가 있고, 워케이션을 가능하게 하는 우리의 IT 기술과 직원들의 디지털 리터러시는 유럽의 수준보다 더 높습니다. 워케이션의 효율을 보장하는데 가장 중요한 요소는 결국 IT 기술입니다. 비즈니스에서 창의성 있는 기획이 필요할 때, 워라밸에 위기를 느낄 때, 대퇴사 시대Big Quit /The Great resignation라는 말이 유행하는 요즘, 우리 기업도 고려할 만한 가치가 충분한 근무 방식이 워케이션입니다.

우리 기업들이 워케이션을 도입할 때 고려해야 하는 세 가지가 있습니다.

첫째, 워케이션을 징검다리 휴일에 먼저 시도해 보는 방법입니다. 서울에 일하는 외국인들은 가끔 운 좋게 발생하는 징검다리 휴일을 '롱 위크엔드Long weekend'라고 부릅니다. 자유로운 분위기의 외국계 기업이나 외국인 직원들은 휴가를 적극적으로 활용하여 롱 위크엔드를 만들어 여행을 계획합니다. 1주일 이상의 워케이션을 본격적으로 시행하기에 전에 징검다리 휴일에 연차를 내지 않고,

워케이션을 연습해 볼 수 있습니다. 성공적이라고 판단하면 보다 긴 워케이션을 근무 방법의 하나로 도입하고, 그렇지 못하면 문제점을 파악해볼 수 있는 좋은 기회로 삼을 수 있습니다.

둘째, 재택근무와 유연근무보다 인사 관리, 시스템 관리, 보안 관리, 자기 관리 면에서 조직이 느끼는 난이도가 더 높은 것이 워케이션입니다. 재택근무와 유연근무가 안정화되면, 그다음에 리모트워크를 워케이션까지 발전시켜나갈 수 있어야 합니다. 초기에는 조직에 부담이 되거나 문제점이 발견될 수 있습니다. 여러 번의 연습을 통해 일과 휴가의 장점이 잘 녹아든 새로운 업무 형태가 되고 있는지 모니터링해야 합니다. 그러면서 워케이션 기간을 천천히 늘려 잡아야 합니다.

셋째, 국내외 출장을 활용합니다. 워케이션을 위해 추가로 발생하는 '교통비+숙박비'에 대한 부담을 덜 수 있습니다. 출장 기간 동안 '교통비+숙박비'는 출장비용입니다. 출장이 끝나고 이어지는 워케이션을 위한 숙박비는 직원과 회사가 50:50으로 부담하는 방법을 제안하고 워케이션을 경험할 지원자를 찾는 방법을 활용할 수 있습니다. 출장지에서 더 머무는 워케이션이거나, 출장지에서 가까운 휴양지에서 워케이션을 할 수 있습니다. 출장을 겸하여 향후 시장 진출을 위해 조사가 필요한 업무, 출장지 근처에서 열리는 학회나 세미나에 참석하는 업무를 워케이션의 목적으로 삼을 수 있습니다.

마지막으로 워케이션을 계획할 때 유의해야 할 점입니다. 태생적으로 재택근무가 어려운 직군과 비즈니스가 있습니다. 실험실과 연구소 근무자, 영업 담당자, 현장 근무자 등의 직군이 조직에서 차지하는 비율이 높은 경우에 무리하게 일부 직원에게만 워케이션을 허용한다면 내부에 갈등과 부작용이 발생할 수 있습니다. 그런 경우는 재택근무와 유연근무도 어려워했던 조직일 가능성이 높습니다. 뿐만 아니라 수평적인 조직 문화보다 수직적인 문화가 더 강한 조직이라면, 워케이션을 위한 분석과 준비에 앞서 구성원 간의 신뢰가 바탕이 되는 조직 문화를 먼저 만들어야 합니다. 워케이션은 뉴노멀 근무 방식인 재택근무와 유연근무보다 신뢰의 측면에서 더 난이도가 높은 새로운 근무 방식이기 때문입니다. 직원에 따라 휴가 일수를 조정하는 것과 같은 대안을 제시하기 어렵다면 워케이션을 포기하는 것도 방법의 하나로 생각할 수 있어야 합니다.

☑ **세 줄 요약**

① 워케이션 자체를 목적으로 삼지 말아야

② 우리 조직에 필요성과 형평성을 검토하고 실시 또는 포기를 결정해야

③ 롱 위크엔드, 징검다리 휴일, 해외 출장에 먼저 도입하고 연습을 거쳐야

5
홈 오피스 1

(세상 어디에도 없는 나만을 위한 맞춤형 업무공간)

유능하고 친절한 사수, 사전 같은 매뉴얼에 정리된 노하우, 멘토는 있으면 좋지만 정작 필요성을 느낄 때는 잘 없는 경우도 있습니다. 그리고 있어도 별 도움이 안 될 때에는 아쉬움이 큽니다. 재택근무가 딱 그런 케이스 아닐까요? 재택근무에 필요한 업무 스킬과 매너, 홈오피스 셋업 방법에 대해서 딱히 배운 적도 없고, 제대로 알려주는 상사나 선배도 없었습니다.

재택근무를 잘하기 위해서는 적절한 홈오피스가 필요한데, 선배나 상사도 처음 맞는 상황이어서 꿀팁 같은 노하우를 전수해 줄 수 없었습니다. 물어봤자 속 시원한 대

답을 듣기 어렵거나, 젊은 후배나 부하직원이 홈오피스를 센스 있게 더 잘 꾸리는 경우도 있습니다.

홈오피스를 셋업하는데 별도로 비용이 많이 드는 것은 아니지만, 필요한 것들이 몇 가지 있습니다. 필수항목은 아니더라도 목 건강을 위해서 듀얼 모니터, 모니터 받침 대 또는 모니터암이 있으면 좋습니다. 그리고, 블루투스 스피커와 헤드셋, 태블릿 피씨와 거치대처럼 편리를 위해 서 필요한 것도 있습니다.

그중에서 잘 언급되지 않지만 홈오피스 셋업에 필요하 다고 생각되는 팁, 딱 세 가지만 꼽아 보겠습니다.

1. 웹캠과 조명: 클라이언트와 영상회의가 있다면,

노트북에 있는 카메라는 머리보다 낮은 곳에서 얼굴을 비추기 때문에 예쁘게 잘 나올 리가 없습니다. 화질도 좋 지 못합니다. 셀카를 찍을 때 얼짱 각도와 철저하게 반대 의 각도에서 촬영하게 되어 있습니다. 그래서 노트북 위 에 따로 부착하거나 듀얼 모니터 위에 올려둘 수 있는 웹 캠을 하나 구입하는 것을 강력 추천합니다. 3만 원대의 제품만 골라도 노트북에 탑재되어 있는 카메라와 차원이 다른 선명한 화질을 볼 수 있습니다.

일반적으로 집에서 책상은 벽에 붙여두는 경우가 많습니다. 그러다 보면 천장에 붙어있는 조명은 등 뒤에 있어서 그림자가 노트북이나 모니터가 있는 쪽으로 생깁니다. 그래서 등 뒤의 천장에 붙어있는 조명 때문에 얼굴은 어둡게 찍힙니다. 재택근무를 하면서 상사나 팀원과의 영상회의만 있다면 크게 신경 쓰지 않아도 될 일이지만, 클라이언트나 외부 회의에 참석하는 경우라면 이야기가 달라집니다.

재택근무를 하지 않았던 때를 떠올려봅니다. 잘 차려입고 꾸민 다음에 출근을 해도 외부 미팅에 참석하거나, 클라이언트를 방문하는 날에는 옷차림이나 화장에 조금 더 신경을 쓰곤 했습니다. 남자들도 중요한 미팅에 참석할 때는 미리 구두를 닦으러 가기도 하고, 셔츠나 타이도 미리 골라두고 입었습니다. 영상회의에서 클라이언트를 만난다면, 웹캠과 조명 정도만 준비해도 훨씬 좋은 인상으로 고객과 만날 수 있습니다. 영상회의에 필요한 조명은 USB에 꽂기만 하면 편리하게 사용할 수 있는 제품들이 많습니다. 1만 원 정도만 투자하면 환하게 생기 있는 얼굴로 클라이언트를 만날 수 있기 때문에 외부 회의를 할 때 활용하기 좋은 아이템입니다.

조명과 웹캠 합해서 4~5만 원이면 꽤 괜찮은 효과를 볼 수 있고, 회사에서 단체로 구매해서 홈오피스에서 일하는 직원들에게 제공하면 좋은 장비입니다.

2. 의자: 소중한 내 허리를 위해

꽤 고가의 좋은 의자를 챙겨주는 회사도 있고, 그렇지 않아도 회사에서는 남들과 똑같은 의자를 쓰기 때문에 불만을 가질 수 없었습니다.

회사에서 일할 때는 회의에 참석하거나, 누군가 불러서 의자에서 종종 일어나는 경우가 있는데, 홈오피스에 혼자 일할 때는 자리에서 일어나는 빈도가 훨씬 떨어지는 것 같습니다. 부르는 사람이 없기 때문에 한번 자리에 앉으면 일어나지 않고 오래 일하는 경향이 있습니다. 허리 건강을 위해 의자의 중요성은 잘 알고 있지만, 홈오피스 환경에서 중요성이 더 높은 가구가 의자입니다.

조명이나 웹캠만큼 가볍게 준비할 수 있는 물건은 아니지만 다시 한번 체크해 볼 필요가 있는 것이 홈오피스용 의자입니다. 해외 브랜드의 의자는 서양 남성을 기준으로 만드는 경우가 많아 우리의 체형과 잘 맞지 않는 경우가 많습니다. 높이 조절이 가능한 제품도 있지만, 그렇지 못한 제품도 있습니다. 예쁜 디자인 가구 브랜드의 의자일수록 높이 조절이 불가능한 경우가 많습니다. 자연스럽게 앉았을 때, 발바닥이 편안하게 펴지고 뒤꿈치가 자연스럽게 바닥에 닿아야 바른 자세입니다. 그렇지 않으면 당장은 아니더라도 피로가 누적되면서 자세가 흐트러지고 결국 허리가 아파오는 날이 생길 수 있습니다.

사무실에서 일할 때에는 구두나 슬리퍼를 신고 있습니다. 신발을 신고 책상에 앉기 때문에 뒤꿈치가 최소 2센티미터에서 최대 5, 6, 7, 8, 9… 센티미터까지 높아집니다. 홈오피스에서 재택근무를 하면 신발을 신지 않습니다. 홈오피스에서 편하게 앉으려면 사무실에서 쓰던 의자보다 조금 낮은 의자를 쓰거나, 높이 조절이 가능한 의자이어야 합니다.

3. 방해금지 모드: 나를 위해서, 너를 위해서

하루 종일 집에서 일하다 보면 택배 기사님이 벨을 누르거나, 음식 배달 기사님이 노크하는 소리가 들립니다. 중요한 영상회의나 컨퍼런스콜에 참석하는 중에 들리는 벨소리는 집중하는데 방해가 될 뿐만 아니라 매너 없는 일이 됩니다. 나에게 중요한 회의는 상대방, 상사나 클라이언트에게도 중요한 일인 경우일 것입니다. 택배나 음식을 배달해주시는 분이 컨퍼런스콜이나 영상회의 중에 벨을 누르지 않도록 부탁을 종이에 써서 현관문 앞에 붙여두었습니다.

그리고 '방해금지 모드' 중임을 알리는 팻말을 책상에 올려두거나, 재택근무를 하는 방의 입구에 붙여두는 방법이 필요합니다. 포스트잇이나 종이에 써서 붙이는 간단한 수고만으로 활용할 수 있는 좋은 방법입니다. 집에 혼자 있는 경우가 아니라면, 홈오피스 방에서 업무 중임을 알리는 '엄마 일하는 중이에요 :)', '아빠 일 마칠 때까지 기다려주세요 ^^'라고 써두는 것도 좋습니다. 거실을 홈오피스 공간으로 사용한다면, 일하는 중임을 알리는 글귀를 써서 책상에 세워두는 방법도 활용하면 좋습니다. 우리나라 인터넷 쇼핑몰에는 거의 없었지만, 필요를 느끼는 사람이 많은지 구글이나 아마존몰에는 '방해금지 모드'

를 알릴 수 있는 팻말 제품이 많이 판매되고 있습니다. 구글이나 아마존 검색창에 'Home office signboard', 'Mom's office signboard'를 검색하면 귀엽고 깔끔한 제품들을 쉽게 찾을 수 있습니다.

영상회의는 홈오피스에서 재택근무를 하는 데 있어 가장 중요한 요소입니다. 깨끗한 단색의 벽면이 배경으로 사용되는 것이 최선이지만, 최소한 정리되지 않은 집안의 모습이 배경으로 노출되는 사고는 없어야 합니다. 책꽂이나 커피머신이 배경에 노출되는 일은 문제 될 것이 없지만, 빨래건조대나, 장난감 같은 종류는 보이지 않도록 주의해야 합니다.

단색의 벽지만 있으면 크로마키 효과를 활용해도 좋습니다. 단조로운 일상에 기분 전환이 되고, 크로마키로 사용하는 그림이나 사진은 영상회의를 시작하면서 스몰톡이나 아이스브레이킹 소재로 삼아 분위기를 편안하게 만드는데 도움을 줄 수 있습니다.

홈오피스와 재택근무는 대부분 사람들에게 새로운 변화입니다. 아직은 전문가를 찾기 어렵고, 전문가의 내공도 부족한 시점입니다. 그렇지만 매일 홈오피스에서 일하면서 발견되는 시행착오를 몇 번만 고쳐나가면 금방 꽤 괜찮은 홈오피스 환경이 되어 있었습니다.

많은 사람이 함께 일하는 회사 사무실의 시끄러운 소음이 없는 공간이 홈오피스입니다. 좋은 음악이나 효과음ambient sound/noise을 블루투스 스피커로 잔잔히 틀고, 원한다면 아로마 효과를 사용할 수 있는 유일한 업무 공간이 됩니다. 몇 번의 업데이트와 최적화 패치로 회사 사무실에서 누릴 수 없었던 나만의 맞춤형 업무 공간으로 완성할 수 있는 것이 홈오피스입니다. 그러면 홈오피스는 세상 어디에도 없는 나만을 위한 최적화 업무공간이 됩니다. 업무 생산성을 높이고, 스트레스는 줄어드는 공간이 좋은 홈오피스입니다. 홈오피스 셋업과 꾸미기에도 조금 노력할 필요가 있는 이유입니다.

6

홈오피스 2

(**홈오피스 = 집+사무실, 쉽지 않은 공기**)

집은 업무와 스트레스로 지친 몸과 마음을 추스를 수 있는 안식처이면서 동시에 생활이 본질적 기능인 장소입니다. 그런데, **재택근무를 위해 집을 홈오피스로 이용하는 일은 생활에 업무 기능을 하나 더 추가한다는 단순한 생각으로 끝나는 문제가 아닙니다.** 부부가 생활을 하면서 새 치약을 가운데부터 편하게 눌러서 사용하는 아내와, 끝에서부터 힘주어 밀어 올려 사용하는 남편과 같이 사소한 차이로 일상에서 작은 의견 충돌이 생길 수 있는 공동의 장소입니다. 그런 장소에서 가족의 공동생활만큼 중요한 업무를 동시에 하게 되면 단순히 집의 기능이 하나 추가되는 것 이상의 어려움이 집 안에 발생합니다.

조직 커뮤니케이션을 위해 파생되는 통화와 영상회의 소음이 발생하고, 업무로 인한 스트레스가 집안 공기에 전염될 가능성도 있습니다. 재택근무를 위해서 집을 홈오피스로 편안하게 활용하는 일은 생각보다 만만치 않을 수 있습니다.

그럼에도 홈오피스 근무 상황에서 절대 놓치지 말아야 하는 중요한 점은 업무 성과입니다. 사무실 출근과 비교할 때, 업무 성과에 있어서는 조금도 타협하지 않아야 재택근무를 지속할 수 있습니다. 이전 편에서 성과와 효율을 높이기 위한 홈오피스용 하드웨어와 도구를 몇 가지 언급하였고, 집에 업무의 기능을 추가했을 때 효과적으로 홈오피스 생활을 영위하기 위해 고려할 다섯 가지 유의사항을 생각해 봅니다.

1. 출퇴근 루틴과 리츄얼이 있나요?

일면식이 없는 인스타그램 친구 중에 매일 이른 아침에 회사 근처 카페에 들러 책을 읽고 스토리를 올리는 분이 있습니다. 스토리에서 잠깐 보이는 아침 카페의 모습과 커피를 마시고 짧은 글을 남기는 출근 전 아침 시간을 좋아하는 것처럼 보였습니다. 출근을 좋은 리듬으로 시작하는 루틴과 리츄얼로 생각됩니다. 홈오피스에서 출근할 때에도 사무실로 출근할 때 가지고 있던 좋은 리듬을 반복할 수 있어야 합니다. 좋아하는 카페에 들러 커피를 사서 출근하는 루틴이 있던 사람은 홈오피스 근무를 하는 날도 아침에 똑같이 반복하면 좋은 리듬으로 일과를 시작할 수 있을 것입니다. 요즘은 보기 드문 종이 신문을 꼭 챙겨 읽으며 아침 시간을 즐기는 선배, 구두를 신고 출근하기 전에 슬리퍼를 신고 강아지를 매일 산책시키는 친구가 있습니다. 출근 전 좋은 루틴이 있다면 홈오피스에 출근하는 날에도 꼬박꼬박 챙기는 것은 하루의 좋은 리듬을 유지하는데 도움이 되는 방법입니다.

홈오피스 출근 의상: 사무실로 출근하는 날처럼 차려입거나 정장을 입을 필요는 없어도, 홈오피스 출근용 옷을 따로 챙겨둡니다. 스스로 느슨해지지 않도록 너무 편안한 복장은 피하고, 어떠한 경우에도 잠옷을 그대로 입고 홈오피스 책상에 앉는 것은 지양해야 합니다. 영상회의로

외부 고객사를 만나는 시간에는 타이를 메고 셔츠로 갈아입거나 잘 차려입을 수 있도록 준비해 두어야 합니다.

2. 급격하게 줄어드는 신체 활동량

사무실로 출근해서 일하는 날에는 점심 식사를 마치고 들어오다 마주치는 동료와 서서 이야기를 나눌 수도, 졸린 오후에 커피 머신 앞에서 만난 직원들과 목례를 하거나 짧게 이야기를 할 수도 있습니다. 혼자 홈오피스 근무를 하면 자칫 몇 시간 동안 꼼짝도 하지 않는 경우가 있습니다. 상사나 동료의 자리로 가서 대화할 기회가 없고, 회의실로 걸어서 이동할 일도 없습니다. 의식적으로 의자에서 일어나고 움직이지 않으면 사무실에 일할 때보다 신체의 움직임과 활동량이 급격하게 줄어듭니다.

줄어든 움직임을 의식적으로 보충해내지 않으면 안 되는 것이 홈오피스 근무 환경입니다. 인터넷과 앱의 유혹을 이겨내지 않으면 업무가 밀리고 홈오피스 근무에도 퇴근이 늦어지고 홈오피스 야근이 발생시킬 수 있습니다. 건강을 생각하고, 동시에 느슨해지지 않도록 의식적으로 더 챙겨서 행동해야 하는 일이 추가로 발생합니다.

회의실, 화장실, 팬트리로 이동하던 것처럼, 짧은 시간이라도 신체의 움직임을 위해 업무 시간 중에 산책을 해야 합니다. 영상회의를 하기 전에 아이디어를 준비할 필요가 있다면 신발을 신고 노트와 펜을 들고 카페나 공원 벤치로 나가야 합니다. 재택근무에서는 연속되는 디지털 업무 환경이 기본값으로 설정됩니다. 디지털 업무 환경에서 눈에 누적되는 피로와 고립감을 덜 수 있도록 태블릿 피씨 대신 노트와 펜을 들고 밖으로 나가 업무를 생각하는 방법을 선택합니다.

회사가 할 일: 재택근무가 아직은 완전히 자리 잡았다고 말하기 어려운 조직이 있습니다. 직원에 대한 **신뢰**가 형성되기 전이라고 판단될 때, 직원이 메신저에 '자리 비움' 상태가 되더라도 일을 하지 않는 것이라 의심하지 않고 **휴식중**이라고 신뢰해 주어야 합니다.

회사는,

① 홈오피스 근무 상황에서 팀장이 리더십을 발휘할 수 있도록 교육 기회를 제공하고, 부하 직원과 팀원의 홈오피스 근무 태도에 대해 의심하지 않도록 교육해야 합

니다.

또한 **팀의 리더는,**

② 팀원들에게 할당된 업무량이 적절한지 살피고, 혼자 어려워하는 직원이 없는지 챙겨야 합니다.

③ 부족한 신체 활동량을 보충하고 집에서 혼자 일하는 경우에 직원이 고립감을 느끼지 않도록 가끔은 카페에 나가 일할 것을 강력하게 권고하는 센스도 있어야 합니다.

3. Time Blocking

사무실에 모여서 일할 때는 지금 누가 바쁜지, 그리고 바쁘게 일하는 팀원이 어떤 일로 바쁜지 눈치와 분위기로 알아내기 쉽습니다. 그런데 홈오피스에서 긴박한 타임라인을 두고 집중해서 일할 때, 메신저나 전화가 집중하는 데 방해가 되는 경우가 있습니다. 모두가 혼자 일하기 때문에 누가 어떻게 바쁜지 알 수 없기 때문입니다. 그런 경우에, 메신저에 집중하고 있음을 알리거나 캘린더에 '타임 블락'으로 집중 업무 시간임을 동료에게 표시해 주어야 합니다.

타임 블락 요령: 너무 자주 타임블락을 사용하면 항상 바쁜 척한다는 사람으로 오인받을 수 있기 때문에, 정말 필요한 경우에만 사용해야 합니다. 업무에 집중하기 위한 타임블락은 30분에서 1시간, 아무리 길어도 최대 2시간 이내로 정해야 커뮤니케이션에 장애가 되지 않습니다. 실시 초기에는 리더가 먼저 타임 블락을 적극적으로 사용합니다. 팀원들에게 타임 블락이 필요한 것처럼 집중하는 시간은 팀장에게도 필요합니다. 팀장이 말보다 실천으로 먼저 보여주면 올바른 방향으로 빠르게 사용 습관을 확산시킬 수 있습니다.

4. 디지털 리터러시 높이기

디지털 리터러시Digital literacy 높이기를 망설여서는 안 됩니다. 지금 사용하는 재택근무용 툴은 이미 높은 수준으로 잘 구동되고 있지만, 팬데믹이 발생하기 전을 생각해 봅시다. 지금은 너무나 편리하게 잘 활용하는 영상회의용 툴, 업무용 메타버스 채널, 협업을 돕는 플랫폼 모두 존재 자체를 알 필요가 없었습니다. 팬데믹이 시작하고 1년이 지나지 않았을 때, 전에는 존재를 몰랐던 툴을 자유자재로 잘 활용하고 있습니다.

갑작스럽게 시작한 팬데믹 상황에도 새로운 업무용 툴이 다양하게 생겼습니다. 재택근무와 홈오피스는 빠르게 뉴노멀이 되었고 시간이 몇 년 더 흐르면 우리는 어떤 발전된 IT 환경에서 일하고 있을지 지금은 상상으로 가늠하기도 어렵습니다. 디지털 리터러시에 대한 인식을 높이고 언제든지 더 좋은 기술을 받아들일 수 있는 열린 마인드셋이어야 합니다.

회사가 할 일: IT 담당 매니저는 비즈니스 부서 및 조직 개발 담당자와 협업을 통해 새로운 업무용 툴 중에서 업무에 활용하기 좋은 툴을 선별하고 적극적으로 도입할 수 있도록 역할을 할 수 있습니다. 새로운 툴과 프로그램이 나오면 팀원들이 돌아가면서 한 가지씩 사용해보고 분석하면서 장단점을 빠르게 파악할 수 있어야 합니다. 그러면 경쟁사보다 빠르게 디지털 트랜스포메이션을 가속할 수 있는 문화를 생성할 수 있습니다. 빠른 디지털 트랜스포메이션으로 경쟁사를 압도하는 실력은 시의성이 중요한 비즈니스에서 더욱 필요합니다.

5. 디지털 퇴근 리츄얼

루틴Routine이 단순한 습관에 가까운 것이라면, 리츄얼Ritual
은 루틴보다 조금 더 의도가 더해진 규칙적인 행동 양식
입니다. 홈오피스 근무를 두고 **'모닝 루틴'**과 **'퇴근 리츄얼'**
이라고 정해두면 좋겠다는 생각입니다.

사무실 문을 나와서 엘리베이터를 타고 오피스 빌딩의
로비를 벗어나는 물리적인 공간의 이동을 통해 '업무 종
료' 상황으로 마음의 스위치를 전환할 수 있었습니다. 홈
오피스에서는 노트북의 전원 버튼을 끄는 미미한 물리적
인 동작으로 퇴근을 진짜 퇴근으로 전환할 수 있어야 합
니다. 디지털 환경에서 일해야 하는 홈오피스 근무에 있
어서 출퇴근을 명확하게 구분하여 일상과 업무 사이에
마음의 스위치 전환이 필요합니다.

팀의 리더는,

메신저로 먼저 퇴근한다고 알리거나 짧은 영상 회의로
의식적으로 팀원의 퇴근을 도와야 합니다. 반드시 정해진
시간에 상사가 '퇴근 리츄얼'을 만들어 주어야 합니다.

퇴근 후에 혼자 하는 운동보다 홈오피스 퇴근 시간에

맞추어 GX_{Group Exercise}를 예약하면 혼자 일하는 업무 시간에서 그룹 활동으로 이어지게 만들어 고립감을 해소하는 데 도움이 됩니다.

퇴근길 교통지옥을 겪지 않아도 되는 홈오피스 근무자에게 **홈오피스 퇴근시간은 인생에서 선물 같은 소중한 시간**입니다. 그동안 퇴근길 만원 지하철에서 버렸던 시간은 얼마나 많았을까요? 퇴근 후 잦은 회식은 무엇을 위해 그렇게 늦게까지 이어진 걸까요?

홈오피스 퇴근으로 그동안 버릴 수밖에 없었던 아까운 시간들을 잘 모아서 활용하면 수준급 실력을 갖춘 새로운 취미를 하나 만들 수 있지 않을까요?

☑️ **세 줄 요약**

① 홈오피스에 출근해도 업무 성과에는 타협이 없어야

② 홈오피스 = 집+사무실, 쉽지 않은 공기

③ 출근 루틴과 디지털 퇴근 리츄얼

GOOD
OFFICE

3부

굿 오피스
내재화 기술

1

워라밸의
넥스트 레벨

(요즘 집 나간 Motivation)

커리어는 보통 20~30년, 길면 40년까지 이어지는 긴 여정입니다. 커리어의 긴 여정 속에는 때때로 피곤에 절어도 버텨내야 하는 시간과, 재충전의 기회로 삼는 꿀맛 같은 짧은 휴식의 시간이 반복됩니다. 팬데믹이 오기 전 10년을 돌아보면 인적자원 관리와 조직을 이야기할 때 번아웃 현상을 발견했고, 대안으로 워라밸의 중요성을 깨닫게 되었습니다. 팬데믹의 시기를 지난 지금은 신입 사원의 조기 조직 이탈과 직원의 'Big Quit' 또는 'The Great Resignation'이라는 '대퇴사시대'를 언급하고 있습니다.

대퇴사시대와 신입사원의 높은 조직 이탈률에 대해

아직 어떤 명확한 원인을 지적해내기 어렵습니다. 원인을 특정할 수 없기 때문에 여전히 꼭 맞는 대안이 무엇인지 잘 모릅니다. 주식, 부동산, 코인으로 한방을 노리는 세태와 '조기 은퇴' 또는 '반퇴'라는 별명이 생긴 FIRE족 Financially Independent Retire Early이 등장하면서 경제적 문제와 연관성을 생각해 볼 수 있습니다. 경제적 독립이라는 지상 과제만 해결하면 되는 것이 아닐까라고 짚어보아도, 워라밸이 괜찮다는 기업에 입사한 신입 직원의 높은 조직이탈률을 생각하면 경제적 독립, 역시 전부는 아닌 것 같습니다.

사람이 살아가는데 잘 쉬고, 잘 먹고사는 것 이상의 가치가 필요하기 때문일까요? 워라밸과 경제적 독립 이외에 커리어에는 동기가 있어야 합니다. 마음속에서 나를 설레게 하는 동기는 긴 커리어의 끝까지 지속되어 성공적으로 마침표를 찍을 때까지 작동할 수 있는 것이어야 합니다.

Motivation(설렘)

문화심리학 박사 김정운 작가는 저서《남자의 물건》에서

'Motivation'을 '동기부여'라고 번역하지 않고, '설렘'이라고 번역하였습니다. 책을 읽은 뒤로 동사형 'Motivate'를 '동기부여를 주다'가 아니라 '설레게 하다'로 해석하게 되었습니다. 회사 안에서 또는 직업을 통하여 내적으로 나를 설레게 하는 특별한 에너지원이 있어야 한다고 믿게 되었습니다.

20대 이후로 인생의 가장 빛나는 시간을 모두 회사에서 격무와 야근으로 소모하지 않겠다는 결심에 더해 워라밸 이상의 무엇을 찾으려 합니다. 워라밸이 기본값Default이 되어도, 사람은 밥만 잘 먹어서 잘 살 수 없듯이 가슴을 설레게 하는 어떤 가치가 있어야 합니다.

조직은 구성원이 설레게Motivate 할 수 있는 가치를 조직 안에서 찾을 수 있도록 도움을 주어야 합니다. 구성원들이 워라밸에 대해 균형 감각을 잃지 않도록 배려하고, 경력 계발을 할 수 있도록 비전을 밝혀주어야 합니다. 함께 일하는 상사와 선배의 성공적인 커리어는 그 자체로 주니어에게 '설렘'의 동인이 될 수 있습니다. 도전적인 시도는 실패의 가능성이 있어도 꾸준히 지원해주고 다시 도전할 수 있도록 응원해주어야 합니다. 조직 안에서 구성원은 지원을 받고 지속적으로 **'성장'**하고 있음을 발견할 때, '설렘Motivation'을 느낍니다.

번아웃을 고민하며 워라밸의 가치를 깨달았습니다. 팬데믹을 지나며 조직 이탈을 고민하고 워라밸 이상의 가치를 찾으려고 합니다. 많은 사람들이 경제적 독립을 꿈꾸고 재테크는 친구와 대화에서 중심에 있습니다. 길면 40년까지 이어질 수 있는 조직 생활에 집중하는 사람보다 워라밸과 재테크에 우선순위를 두는 사람이 많은 것 같습니다. 조직과 구성원을 설레게 하는 Motivation의 가치는 점점 퇴색하고 있는 것 같습니다.

3장에서는 포스트 팬데믹 시대의 조직과 구성원에게 강조되어야 할 가치를 생각하고, 조직에서 실현할 수 있는 교육과 제도에 대해 구체적인 사례를 담았습니다. 재택근무와 유연근무가 결합한 새로운 근무환경에 휴가 제도는 어떤 모습이어야 하는지, 포스트 팬데믹의 시대에 더욱 필요한 멘토링, MZ세대 신입의 조직 이탈 방지를 위한 Job Rotation를 꼽아 살펴봅니다.

① 모티베이션은 셀렘, 워라밸의 넥스트 레벨

② 포스트 팬데믹 시대에 필요한 교육은?

③ 요즘 집 나간 나의 모티베이션은 어디에?

2
넷플릭스를 좋아하는
다른 이유

(무제한 휴가라니!)

팬데믹으로 집콕 생활과 재택근무가 일상에 기본값이 되면서 넷플릭스는 너무 많이 보게 되어서 옷장 같다는 생각이 듭니다. 옷장에는 옷으로 가득한데 항상 입을 옷은 없다는… 점에서 그렇습니다. 팬데믹에 큰 성공을 거둔 넷플릭스가 새로운 영상 스트리밍 서비스 OTT 시장을 독점하더니 요즘은 미디어 공룡 디즈니 플러스와 대형 경쟁자들이 넷플릭스가 독점하던 OTT 시장에서 경쟁하고 있습니다.

콘텐츠의 다양성 측면에서 넷플릭스와 디즈니는 격차가 크다고 합니다. 디즈니는 압도적인 키즈 콘텐츠뿐만 아니라 드라마, 영화, 그리고 남성과 중장년층을 강하게 흡수할 수 있는 스포츠와 다큐멘터리 류의 콘텐츠로 넷플릭스를 압도할 것이라고 합니다. 디즈니의 대표적인 채널이나 제작사만 꼽아도 DISNEY, ESPN Sports, MARVEL, PIXAR, abc, 21th Century FOX, UNIVERSAL, National Geographic, Warner Brothers… 등등 너무 많습니다.

그럼에도 넷플릭스를 좋아하는 다른 명확한 이유가 있습니다. 직원 입장에서 거부할 수 없는 '휴가 제도'를 가지고 있기 때문입니다. 더 정확하게 말하면, '휴가 제도'라는 것이 없습니다. 직원이 원할 때, 원하는 형태로, 원하는 만큼 쉴 수 있습니다. 물론, 자유로운 휴가의 전제가 되는 넷플릭스 문화의 기본 원칙은 '자유와 책임Freedom and Responsibility'입니다.

다음은 휴가 제도Time Away에 대한 넷플릭스 홈페이지 공식 게시 자료 중 두 번째 항목입니다.

Time Away: Our vacation policy is "take vacation" and we

actually do. Frankly, we intermix work and personal time quite a bit. Time away works differently at Netflix. We don't have a prescribed 9-to-5 workday, so we don't have prescribed time off policies for salaried employees, either. We don't set a holiday and vacation schedule, so you can observe what's important to you-including when your mind and body need a break. We believe in working smarter, not harder.•

요약하면, 넷플릭스에는 9시에서 5시까지 일해야 한다는 규칙이 없습니다. 직원에 대해 어떠한 휴가 정책도 가지고 있지 않습니다. 넷플릭스는 직원들이 열심히 일하는 것보다 스마트하게 일하는 것이 중요하다는 믿음을 가지고 있습니다.

창의적인 일을 해야 하는 직원들을 뽑고 성과를 내기 위해서 넷플릭스가 선택한 방법입니다. 기업의 궁극적인

• 〈Taking Care of Yourself〉, NETFLIX JOBS, https://jobs.netflix.com/work-life-philosophy.

목표 '이익의 극대화'를 위해서 넷플릭스가 필요했던 것은 직원의 창의성입니다. 사무실에 앉아서 일하는 동안에도 창의적인 성과를 충분히 낼 수 있습니다. 그렇지만 미디어 공룡, 디즈니와 경쟁하는 시장에서 넷플릭스가 한 발 앞서 시장을 선점할 수 있었던 것은 한 발 앞선 기술과 그 기술을 구현해낸 직원들의 창의적인 아이디어였습니다.

과거처럼 무조건 열심히 일하고, 쪼으는 방식만으로는 창의적인 사업 기회를 만들 수 없는 시장이 많아지고 있습니다. 잘 아는 것처럼 창의성Creativity은 피곤하거나, 번아웃을 걱정하는 컨디션에서는 끄집어내기 어려운 특성이 있습니다. Creative한 아이디어는 자유로운 휴가를 통해 재충전이 잘 된 직원으로부터 더 생산될 수밖에 없습니다. 그리고 넷플릭스는 기업의 목표를 최상으로 달성하기 위해 필요하다고 생각한 Creativity를 확보하기 위해 전례 없는 극단적인 아이디어와 방식으로 직원에게 질 높은 휴식과 재충전의 기회를 보장하였습니다.

각각의 회사는 필요한 직원의 역량이 다르고, 직원이 그러한 역량을 잘 발휘할 수 있도록 기업은 끊임없는 고민과 연구를 해야 합니다. 비록 디즈니와의 일전을 앞두고 2위로 밀려날 시간이 다가오고 있지만, 경쟁사에 비해 역사가 짧은 넷플릭스가 이루고 있는 성과는 대단한 것입니다. 미디어 공룡들을 상대로 보기 좋게 선두 자리를 유지할 수 있었던 데에는 직원의 창의성이 큰 역할을 했으리라 생각합니다. 넷플릭스에서 창의성을 극대화하기 위한 여러 방법 중에 하나는 '무제한 휴가' 혹은 '자유 휴가' 제도였습니다.

그렇다고 넷플릭스의 자유로운 휴가제도를 그대로 도입할 필요는 없습니다. 넷플릭스처럼 파격적인 휴가 제도를 제시하지 못한다고 해서 뒤떨어진 경영 정책이라 비난할 필요도 없습니다. 넷플릭스와 같이 직원의 휴식과 필요한 업무 역량의 연결성이 높으면 그렇게 검토하고 회사에 도입할 수도 있습니다. 그렇지 않다고 판단하면 다른 방식으로 검토하고 휴가제도를 맞춤형으로 만들어야 합니다.

관련해서 다른 좋은 사례가 있습니다. 넷플릭스와 달리 수천 년의 역사가 있는 해운업의 사례입니다. 유럽에서 중세가 지나고 해운업은 영국과 스칸디나비아 반도 사이의 북해에서 발달하고 있었습니다. 당시에는 나무로 만든 목선으로 화물을 운송했기 때문에 북극해에서 떠내려오는 유빙과 충돌하면 침몰할 가능성이 높은 겨울에는 항해하는 선박의 수가 급감했습니다. 추위가 누그러들기 시작하는 2월 20일부터 유빙이 줄어들면 북해에 선박들이 다시 운항하기 시작했습니다.

선박이 항해를 시작하는 2월 20일을 기준으로 해운회사는 선박보험P&I Insurance을 구입했고, 매년 2월 20일에 보험을 갱신하는 관행이 생겼습니다. 그렇게 생긴 관행은 지금까지 이어지고 있습니다. 우리나라의 해운회사도 마찬가지이고, 거의 100%라고 말해도 될 만큼 전 세계 모든 대형 화물선과 유조선의 선박보험 갱신일은 2월 20일이 되었습니다.

선박보험회사는 전 세계로부터 몰려드는 선박보험 계약을 2월 20일에 맞춰 체결하기 위해 정말 바쁜 12월, 1월, 2월을 보냅니다. 전 세계의 해운회사들에게 보험을 파는 선박보험회사는 지금까지 북해를 둘러싼 5개 도시 영국 런던과 뉴캐슬, 노르웨이 아렌달, 스웨덴 예테보리,

네덜란드 로테르담에 위치하고 있습니다. 2월 20일이 지나고 3월과 4월에는 선박보험회사의 직원들은 휴가를 즐깁니다. 비즈니스의 전통에 따라 업무가 집중되는 바쁜 시기를 잘 보내고 짧으면 2주, 길면 6주까지 휴가를 보냅니다. 유럽 사람들이 일반적으로 긴 휴가를 즐기는 여름이 아니라, 가장 바쁜 업무가 끝나는 시기에 맞춰 직원들은 긴 휴가를 떠나는 관행이 생긴 분야입니다.

중요한 것은 우리 기업을 파악하고 직원에게 맞는 휴가 방법을 고민하는 데 있습니다. 비즈니스의 특성에 대한 고려를 하지 않고, 습관처럼 비싼 여름에 휴가를 고집할 이유가 없습니다. 넷플릭스의 파격적인 제도는 비즈니스에 필요한 역량을 파악하고 직원의 역량을 최대치로 이끌어내기 위함이었습니다. 그리고 비즈니스의 특성이나 전통에 따라 업무가 집중되는 시기가 있으면 가장 중요하고 바쁜 시즌을 지나고 휴가 기간을 가지는 현명함이 필요합니다.

'무제한 휴가를 도입하자', '여름이 아니라도 아무 때나 긴 휴가를 쓰자'가 아니라 기업은 직원을 중심에 두고 가장 좋은 시기와 방식의 휴가 제도를 만들 수 있어야 합니다.

☑ **세 줄 요약**

① 넷플릭스의 스마트한 휴가

② 지금 휴가 제도는 최선인가요?

③ 휴가 제도의 중심에 직원이 있나요?

3

실무형 멘토링 전문가를
본 적 있나요?

(**선순환의 시작을 만드는 HR전문가**)

디지털 트랜스포메이션, 메타버스, 에듀테크와 같은 신기술이 기업의 비즈니스 활동뿐만 아니라 기업 교육에도 많이 언급되고 있습니다. 에듀테크, AI, AR, VR… 과 같이 신기술을 말하는 용어를 사용하면 기업 교육이 발전하고 있다는 느낌을 받을 수도 있습니다. 그런데, 기업 교육에 도입되는 신기술은 교육 수단에 변화를 주는 도구이지, 교육의 본질인 교육 콘텐츠의 퀄리티가 함께 발전하고 있는지 살펴보아야 하는 시점이 된 것 같습니다. 유명 신진 디자이너의 새 옷을 사 입기만 하면 옷을 입은 사람의 성격과 인성이 새 옷을 통해 달라질 것을 기대하고 있는 모습이 아닌가 우려가 생깁니다.

기업 교육의 목표는 신기술의 도입이 아니라, 조직의 발전을 위해 직원의 업무 능력 향상에 있습니다. 교육 방식으로 집합 교육에 더해 팬데믹에는 영상 교육이 더해지고, 신기술이 등장하고 있지만, 가장 교육의 본질에 가까운 모습은 '멘토링'입니다. 멘토가 멘티에게 1:1로 가르침을 주거나 조언을 해주는 모양이기 때문입니다.

멘티가 될 신입사원부터 멘토로서 조언해주는 간부와 임원이 다수 공존하는 기업 조직은 멘토링에 딱 들어맞습니다. 문제는 신기술이 빠진 멘토링 교육은 요즘 별로 인기가 없고, 멘토링 전문가가 부족하다는 데 있습니다. 특히 '실무형' 멘토링 전문가를 본 적 있었나요? 또 다른 한 가지 문제는 기업의 멘토링에 너무 가벼운 주제만 담는 경우가 많다는 데 있습니다.

기업형 멘토링의 최대 장점, 선순환의 시작

요즘 소개되고 있는 신기술을 활용하는 방법은 비용이 많이 듭니다. 멘토링은 비용이 거의 '제로'입니다. 또한 교육에 있어서 가장 효과가 좋은 형태 1:1로 진행한다는 점입니다. 기업에 멘토링 프로그램이 오랜 시간 운영되면, 멘토로부터 좋은 조언을 받은 멘티는 잘 성장하여 회사의 간부가 되고 후에 멘토로서 후배 멘티에게 좋은 조언자가 되어주는 선순환을 구조화시킬 수 있습니다. 그래서 역사가 긴 해외의 기업들은 멘토링 교육에 대한 전문성을 키우고 멘토링으로 좋은 선순환의 만들어내는데 노력을 기울입니다. HR 부서에서는 멘토링 프로그램을 실시하고 기록으로 남겨 자료로 만들어 관리하는 노력을 게을리하지 않습니다. 기업의 역사가 긴 유럽의 해운기업, 석유화학기업, 미국의 금융기업들은 HR 부서에 멘토링을 담당하는 전문가를 양성합니다. 모범적인 사례의 멘토링 프로그램은 기업의 무형 자산으로 인정받기도 합니다. 멘토링을 잘 활용하고 있는 글로벌 기업들은 신입 사원 채용을 위해 실시하는 캠퍼스 리크루팅의 주요 내용으로 멘토링을 홍보합니다. 글로벌 커리어를 꿈꾸는 우수한 인재들에게 기업의 체계적인 멘토링 교육 프로그램은 장점으로 인식되기 때문입니다.

우리 기업들도 멘토링을 활용하고 있습니다. 그런데 멘

토링의 역사가 긴 유럽과 미국의 기업과 비교해서 우리가 도입하고 있는 멘토링의 방향성은 조금 다른 모습인 것 같습니다. 서구 사회와 비교해서 멘토링의 역사가 짧고 문화가 달랐기 때문이라고 생각됩니다. 멘토Mentor라는 말의 어원은 그리스 신화에서 유래하였습니다. 고대 그리스의 왕국 이타카의 왕, 오디세우스가 트로이 전쟁에 참전하면서 아들을 친구에게 보살펴달라고 부탁했습니다. 전쟁에서 살아서 돌아올 수 있을지 알 수 없는 상황에서 왕의 부탁을 받은 친구는 왕의 아들에게 아버지처럼 조언자가 주었습니다. 10년 후에 전쟁이 끝나고 오디세우스 왕은 친구의 조언과 도움으로 잘 성장한 아들을 만나게 됩니다. 10년의 전쟁 동안 오디세우스 왕의 아들에게 때로는 아버지의 역할을 대신하고, 선생님으로 조언해준 친구의 이름이 멘토르Mentor였습니다. 그 후로 서구 사회에서 누군가에게 조언자, 선생님의 역할을 해주는 사람을 멘토라고 부르게 되었습니다.

멘토링은 신기술과 접목이 없는 낡은 교육 방식이 아니라 교육의 본질을 제대로 살릴 수 있는 전통으로 여기고 운영할 필요가 있습니다. 우리 기업의 멘토링은 길어야 20, 30년 정도 경험이 있거나, 아직 한 번도 멘토링을 해보지 않은 조직도 많았습니다. 고대 그리스에서 유래한 문화가 일상 속에 오래 녹아든 유럽 기업들이 우리 기업보다 잘할 수밖에 없습니다.

멘토링의 주제 선정

전년도 매출액을 기준으로 매년 세계 500대 기업을 선정하는 'Fortune Global 500'에 속하는 기업 중에서 멘토링을 활용하는 기업은 70%에 달했습니다. 2009년의 조사 결과입니다. 2022년 발표된 자료에 따르면 'Fortune US 500' 기업 중에서 멘토링을 활용하는 회사는 84%입니다. 'Fortune US 250'으로 좁히면 90%의 기업이, 'Fortune US 100'에서는 96%의 기업이 멘토링을 활용합니다. 그리고, 'Fortune US 50' 대기업의 멘토링 활용도는 100%입니다. 또한 멘토링 프로그램을 운영하는 기업은 그렇지 않은 기업보다 팬데믹 상황에서 더 높은 이익을 내고 있는 것으로 확인되었습니다.[*] 거의 제로에 가까운 비용 지출로 대단한 선순환의 효과를 발휘할 수 있는 멘토링을 이제 우리 기업들도 제대로 도입하고 활용할 수 있어야 합니다.

멘토링을 효과적으로 진지하게 잘 활용하고 있는 우리 기업들도 있지만, 많은 사례에서 아직은 멘토링의 장점을 적극적으로 활용하지 못하는 경우가 더 많았던 것 같습니다. 야근이 많은 우리나라를 대표하는 대기업 A는 멘토링 미팅을 워라밸에 대한 조언의 시간으로 활용하고 있었습니다. 물리적으로 업무량이 과중한 상황에 워라밸에 대한 멘토링은 실효성 있는 조언이 되기 어려울 것입니다.

또 다른 대기업 B에서는 상사와의 갈등, 조직 내 네트워킹을 주제로 멘토링을 운영하고 있었습니다. 상사와의 갈등과 같은 주제는 같은 조직에 몸 담고 있는 멘토 역시 답을 주기 어려운 민감한 주제입니다. 답을 주기 어려울 뿐만 아니라 멘토가 알고 싶지 않은 관계에 대한 내용이

• 〈MentorcliQ 2022 Mentoring Report〉, https://www.mentorcliq.com/blog/mentoring-stats

멘토링 시간에 언급될 수 있는 주제가 됩니다.

지방의 혁신도시에 위치한 대규모 공공기관 C에서 멘토링과 관련한 자문을 하면서 국내 기업의 멘토링에 대한 인식을 확인할 수 있는 기회가 있었습니다. 지방에 위치한 탓에 멘토링의 주제를 신입 사원과 채용된 경력 사원이 혁신도시가 위치한 지방도시에서 잘 적응할 수 있도록 맛집 정보, 자녀의 보습 학원 정보 교환으로 지정하고 있었습니다. 필요성은 공감할 수 있지만, 기업의 멘토링으로 삼기에 너무 쉬운 주제가 아니었나 하는 아쉬움이 남았습니다.

물론 신규 입사자new comer의 조직 적응을 돕고, 워라밸을 확보하기 위한 조언으로 기업에서 손쉽게 멘토링을 활용할 수도 있습니다. '상사와의 갈등' 역시 멘토링의 주제로 떠올리기 쉽지만, 사실 멘토의 조언과 역할은 조직 안에서 제한적일 수 있는 주제입니다. 그러면 기업이라는 조직에 적합한 멘토링의 주제는 어떤 것이 되어야 할까요? 멘티가 멘토링을 통해 조언받고 싶은 것은 어떤 분야일까요? 멘토가 합리적인 조언을 해줄 수 있는 어떤 분야일까요?

바로, 경력관리Career Path입니다. 좀 더 구체적으로 Career Planning, Career Development를 도울 수 있는 멘토링이 효과적입니다. 유럽과 미국의 기업들이 멘토링을 할 때 가장 힘을 쏟는 분야입니다. 전문적으로 경력관리, 즉 커리어 설정 및 개발에 실질적인 도움을 줄 수 있는 조언이어야 합니다. 그래서 글로벌 기업들의 멘토링 주제는 주로 Career Development를 위주로 프로그램을 구성하고 멘토링에 참여하는 멘티는 최대한 구체적인 내용으로 질문을 만들어 멘토의 조언을 구합니다. 효과적으로 멘토링을 실시하기 위해서 멘토링 프로그램 담당자의 역할이 필요하고, 프로그램 담당자는 무엇보다 멘티에 대한 교육을 먼저 실시해야 합니다. 뿐만 아니라 멘토링 프로그램 담당자가 준비하고 리드해야 할 점들이 존재합니다.

그래서 멘토링 프로그램을 구성하는 담당자 역시 신입사원이나 낮은 연차의 직원보다는 회사 전반의 비즈니스를 이해하고 구성원들이 각 사업본부에서 어떤 일을 수행하고 있는지 파악할 수 있는 시니어급 HRD 전문가가 담당할 필요가 있습니다.

멘토링 프로그램 운영

1. 멘티 교육은 질문 연습과 상사와 멘티의 구분

멘토링 프로그램의 담당자는 먼저 멘티 교육을 실시해야 합니다. 상사의 역할과 멘토의 역할을 구분할 수 있도록 주니어 멘티를 교육하고, 주제에 맞는 구체적인 질문을 할 수 있도록 도와주어야 합니다. 구제척인 내용의 질문이 있어야, 멘토는 자신의 경험과 생각을 바탕으로 멘티가 원하는 내용을 상세하게 답해줄 가능성이 높아집니다.

멘티가 Career Development를 큰 주제로 정하고, 작은 주제로 질문을 구체적으로 던질 수 있도록 멘티를 교육해야 합니다. 큰 주제인 Career Development와 관련하여, 주니어 멘티가 '해외 파견 근무는 언제, 어떻게 경험해보는 것이 좋을까요?' 보다 '저는 AA 분야에 관심이 많은데 성장 동력이 큰 아시아 지점과 선진 시장인 미국 지점 근무 중에서 어디를 먼저 고려하는 것이 좋을까요?' 혹은 '연구 개발 직군으로 입사했지만 승진을 위해서 해외 영업에도 관심이 많은데 언제쯤 부서이동 및 해외 파견근무를 고려하면 좋을까요?'와 같이 질문할 수 있도록 질문 연습과 조언이 필요합니다. 멘티가 왜 해외 파견근무를 하고 싶은지 파악하고, 어느 지역으로 파견근무를 경험하는 것이 좋은지 멘토가 생각하고 구체적인 답변을 줄 수 있도록 구체적인 질문을 던져야 합니다.

멘토링을 시작하기 전에, 멘티 교육은 먼저 실시되어야 합니다.

2. 멘토링 이력서의 확보

멘토링 담당자는 멘토와 멘티 모두의 이력서(CV)를 확보해야 합니다. 입사지원이나 경력사원 이직용 이력서가 아닌 멘토링용 이력서를 받아서 멘토와 멘티를 매칭하는데 활용할 수 있어야 합니다. 멘토는 주요 경력과 경험을 Career Highlight로 기재하고, 멘티의 이력서에는 전공 분야, 관심 업무, 희망 근무지역 등에 대한 내용이 포함되어야 합니다. 멘토링 이력서는 사내 인사 시스템에 공개하고 공유 가능한 상황이면 더 좋습니다.

요즘은 높아진 우리나라의 위상 덕분에 글로벌 기업에 근무하는 한국인 매니저와 임원들은 한국의 비즈니스에 관심이 많은 싱가포르나 홍콩의 신입사원들에게 인기 있는 멘토가 되어 선호도가 높은 편이라고 합니다. 반대로 조직 안에 외국인 전문가나 임원이 있다면 한국인 멘티와 매칭 할 수 있어야 합니다. 외국인 전문가나 임원은 주로 몇 년 단위의 계약으로 짧게 조직에 근무하는 경우가 많습니다. 한국에서 일하는 외국인 멘토의 다양한 경험과 노하우를 습득할 수 있는 좋은 기회가 됩니다.

3. 인기 멘토의 매칭

멘토링을 실시한다고 공개하면 일 잘하기로 소문난 고성과자 멘토 후보는 언제나 멘티들에게 인기가 많습니다. 여러 멘티 후보들이 한두 명의 인기 멘토에게 집중되는 경우가 발생할 수밖에 없습니다. 고리타분한 이야기만 늘어놓을 것으로 예상되는 사람, 평소 자기 관리Perception Management에 소홀한 사람은 당연히 멘토로서 선호도는 낮을 수밖에 없습니다.

소수의 멘토에게 멘티가 몰리지 않도록 규칙을 정하고, 각 멘토의 전문 분야가 돋보일 수 있도록 멘토링 프로그램 담당자가 안내할 필요가 있습니다. 효과적인 멘토와 멘티의 매칭을 위해서 멘토별로 멘토링이 가능한 주제를 정리하고, 멘티에게 8년에서 10년 이상 연차가 높은 멘토를 매칭해야 합니다. 8년에서 10년의 연차가 되면 보통 두 직급 차이가 됩니다. 한 직급 정도의 차이는 커리어 디벨롭 과정에서 때로는 경쟁하는 상황이 되어 관계가 모호하게 될 가능성을 배제할 수 없습니다. 그러한 불편함과 갈등의 가능성을 차단하고, 멘토가 편안하게 조언할 수 있도록 두 직급 이상의 차이를 권장합니다.

그럼에도 매칭에 어려움이 발생하면, 성장 가능성이 높은 고성과자 주니어 멘티에게 인기가 많은 멘토를 우선적으로 매칭합니다. 멘토링 역시 단순한 교육 기회가 아니라 궁극적으로 회사의 성장을 위해 이루어지는 업무이므로 멘토링의 결과가 조직에 긍정적인 효과를 낼 수 있도록 우선순위를 두기 때문입니다.

4. 첫 미팅 셋업

첫 번째 멘토링의 미팅 장소와 시간은 프로그램 담당자가 정하고 첫 미팅에는 동석할 필요가 있습니다. 멘토와 멘티가 사내에서 처음 만나는 사이가 아니더라도 멘토링 프로그램에 참석하는 멘토와 멘티를 관찰하고 도움을 줄 부분이 발견되면 담당자가 보완해줄 수 있는 점들이 발견되기 때문입니다. 멘토링 담당자는 첫 미팅이 시작되기 전에 멘토와 멘티가 서로를 파악할 수 있도록 멘토링용 이력서를 전달해주어야 합니다. 또한 권장할 수 있는 방법으로 첫 미팅 이전에 멘토와 멘티가 MBTI 또는 버크만과 같은 도구로 성향 분석 및 진단을 실시하고, 첫 미팅에 멘토와 멘티가 서로 상대방에 대해 이해의 폭을 넓혀갈 수 있도록 도울 수 있는 방법을 채택하기도 합니다.

5. 그 외 고려할 사항들

커리어와 관련한 주제를 최우선으로 삼는 것이 좋지만, 다른 주제를 멘토링으로 다루는 경우에 멘토링이 단순 코칭이나 상담의 시간으로 활용되지 않도록 주의해야 합니다. 멘토와 멘티가 원래 잘 아는 사이었거나, 미팅을 반복하면서 가까운 사이가 되고 보면 때로는 '회사가 너무 힘들다', '사적인 일로 요즘 마음이 힘들다(예를 들어, 가족과 사별, 실연 등)' 등의 내용으로 미팅 시간이 채워지는 경우가 발생하기도 합니다. 그러한 내용은 멘토링이 아닌 심리 상담의 영역에 있는 문제이기 때문에 멘토링 시간에는 배제해야 합니다. 글로벌 기업에서는 EAP Employee

Assistance Program(근로자 지원 프로그램)의 하나로 전문 심리 상담사를 고용하여 지원하는 방법을 취하고 있으며, 멘토링과 확실히 구분합니다.

멘토의 적극적인 참여를 유도하기 위해 멘토링을 인사 고과에 반영시킬 수 있는지를 고민할 수 있습니다. 멘토링이 체계화되어 있는 기업은 매년 있는 MBO 항목에 포함시키지 않지만, 임원급 승진의 요건으로 총 2~3회의 멘토링을 요구하는 방법으로 제도화시킵니다. 멘토링으로 멘토가 조직과 멘티에게 보여주는 노력은 평가 대상이 아니라, 기여의 횟수를 인정해주는 방식으로 채택하고 있습니다.

한 사이클의 멘토링이 끝나면 멘토링 담당자는 멘토와 멘티를 면담하고,

① 정해진 프로토콜(2회 차부터 미팅을 위한 장소 예약 및 시간 확보, 멘토링 빈도)에 잘 따랐는지,

② 설정한 목표Goal Setting에 대해 멘토링이 진행되었는지,

③ 멘티가 멘토링 이후 어떻게 성장하고 있는지Tracking

Progress를 기록으로 남겨 관리할 수 있어야 합니다.

멘토링 프로그램 담당자에게 요구되는 역량은 조직의 비즈니스에 대한 전반적인 이해 능력, 조직 안에 함께하고 있는 다양한 재능talent에 대한 파악 능력, 매칭을 위해 필요한 기술 등이 있습니다. 주니어 인적 자원, 조직 개발 담당자에게는 버거울 수 있는 역량입니다. 조직이 멘토링으로 선순환의 역사를 시작하기 위해서는 멘토링 프로그램이 오래 누적되어야 하고, 프로그램 관리자 역시 다년간의 경험이 필요한 분야입니다. 멘토링의 장점을 잘 활용한다면 조직은 거의 제로에 가까운 비용으로 가장 효과적인 교육 기회로 만들어 낼 수 있습니다.

지금 우리 조직의 멘토링은 전문가에 의해서 잘 운영되고 있나요? 멘티가 훗날 좋은 멘토가 되어 선순환을 이끌어 낼 수 있도록 잘 돌아가는 톱니바퀴처럼 프로그램이 설계되어 있나요?

☑ **세 줄 요약**

① 멘토링은 비용 부담이 없는 최고의 교육

② 질문은 경력 관리와 관련해 구체적으로

③ 멘토링 매니저는 선순환의 시작을 만드는 HR 전문가

4

멘토링은
페어링이 90%

(**멘토도 좋은 멘티를 만나야**)

긴 인생을 살면서, 그리고 조직 안에서 일하면서 어려울 때 조언을 구할 수 있는 멘토가 있었으면 좋겠다고 느낄 때가 있습니다. 드물게 학교 선배를 인생 멘토로 삼아 좋은 관계를 유지해오는 경우를 보았고, 전 직장의 상사가 이직 후에도 관계를 유지하면서 멘토로 좋은 역할을 해주는 경우를 주변에서 볼 수 있었습니다. 어려움이 있을 때, 고민거리가 있을 때, 이야기를 털어놓고 조언을 구할 수 있는 멘토가 있는 친구가 부럽기도 했습니다.

그런데, 반대로 내가 누군가의 멘토가 되는 경우는 어떨까요? 멘티에게 건넨 조언과 다르게 말하고 행동하지 않기 위해서 조심스럽고 스스로에게 좀 더 엄격한 사람이 되어가고 있음을 발견할 수 있었습니다. 멘토링으로 멘티는 조언을 얻고, 멘토는 스스로 말과 행동에 신중함을 담을 수 있다는 것은 멘토링의 분명한 장점입니다.

그러나, 누군가에게 멘토가 되는 일. 생각보다 어렵고 신중해야 하는 일입니다. 무엇보다 멘토에게 굉장한 부담이 되는 일입니다. 나의 조언이 멘티의 인생에, 커리어에 있어 중대한 갈림길에서 영향을 미칠 수 있기 때문입니다. 멘티는 멘토링 요청을 수락해준 멘토가 멘토링을 수락하면서 가지게 될 무거운 책임감에 대해 감사하는 마음을 잊어서는 안 됩니다. 멘토링을 통해 성장을 목표로 삼은 멘티는 멘토의 도움과 조언으로 성장하면서 조직에 기여하려는 마음을 잊지 않아야 하고, 훗날 멘토가 되어서 좋은 조언을 전해 줄 수 있는 조직의 구성원으로 성장하겠다는 다짐을 가져야 합니다.

아주 큰 조직이라면 멘토링을 전담하는 부서를 만들 수 있지만, 일반적으로 멘토링 프로그램은 HRD 부서에서 운영합니다. 열정이 넘치는 멘티와 노련한 멘토를 매칭하는 일은 멘토링 프로그램의 시작이면서 가장 중요한 일입니다. 멘토링은 페어링이 90%라고 말할 수 있습니다. 케미가 좋은 멘토와 멘티를 찾아 잘 연결해주기만 하면 미팅은 알아서 잘 해내는 멘토와 멘티가 있습니다. 멘티가 원하는 내용을 잘 알려줄 수 있는 멘토를 연결하는 일에 있어서 멘토링 프로그램 담당자의 역할은 중요합니다.

1. '조직 안'에서 '같은 꿈'을 꾸는 멘토와 멘티

멘토링 프로그램 담당자는 멘토링 파트너를 정할 때, '같은 꿈'을 꾸는 사람을 찾아 페어링시켜야 합니다. 언젠가 이직을 위해 커리어 멘토링을 받는 멘티를 만난다면, 멘토는 나중에 그 사실을 알고 당황하지 않을 수 없습니다. 조직 안에서 만나 진심 어린 조언을 주었는데 결국 멘티의 꿈은 더 큰 회사로 이직을 위한 커리어를 쌓는 데만 혈안이 되어 있던 사람이라면 멘토로서 허무함이 있을 수밖에 없습니다.

    IT기업의 재무 전문가인 멘토는 주니어 멘티가 조직에 잘 적응할 수 있도록 돕고, 재무, IR 업무와 관련하여 정성껏 조언해주었습니다. 그런데 멘티는 처음부터 조직보다 이직에 관심이 더 많았던 주니어였습니다. 에너지 기업과 바이오 기업에서 실제 발생했던 나쁜 사례들이 있었습니다. 멘티가 재무 회계 담당자인 멘토를 만나 성장한 후에, 퇴사하고 여의도에 근무하기 위해 증권사로 이직한 사례입니다.

멘토가 **조직 안**에서 성장하겠다는 **'같은 꿈'**을 가지고 있는 멘티를 만나야 멘토링이 빛을 발할 수 있습니다.

서울 도심에 위치한 더 좋은 조건의 회사로 이직과 퇴사를 생각하는 주니어 멘티를 한 번에 선별해 내는 것은 어려운 일입니다. 멘토링을 준비하는 과정에서 멘토링 담당자는 멘티가 이직과 퇴사를 생각하고 있는지 그리고 멘토가 신중한 태도로 임하고 있는지 짧은 미팅을 통해 꾸준히 모니터해야 합니다. 멘토링 미팅을 1, 2회 진행하면서 멘토는 **멘티가 어떤 일에 더 초점을 두고** 조직생활을 하고 있는지 살펴보면 이직과 퇴사의 가능성에 대해 전해지는 감각이 생길 수밖에 없습니다.

매칭 혹은 페어링 단계, 멘토링 초기에 가장 초점을 두어야 하는 부분은 '조직 안'에서 '같은 꿈'을 꾸는 사람을 연결하는 일입니다.

2. 직급에 대한 고려

최소 8년에서 10년의 연차를 둔 두 사람을 멘토와 멘티로 연결하는 것이 이상적인 연차입니다. 전통적인 직급 체계와 조직도에 따르기만 하던 시기는 완전히 지나갔다고 판단됩니다. 시장의 변화에 빠르게 대응하고, 효과적인 대응을 위해서 경영진은 전통적인 체계와 다른 프로젝트 조직, 매트릭스 조직, XFT, TFT 등의 업무 형태를 한시적으로 혼용하는 경우가 빈번해지고 있습니다. 그런 특별 임시ad-hoc 조직이 빈번하다 보면 다양한 사람들이 모였다가 흩어지면서 일하는 모습이 발견됩니다. 그런 경우에 멘토와 멘티의 직급 차이가 한 단계라면 두 사람의 역할이 때로는 협업이나 경쟁 관계에 놓이는 일이 발생하기도 합니다. 멘토와 멘티는 조언을 주는 선생님과 조언을 통해 배우는 학습자의 관계를 지울 수 없는 관계이기 때문에 업무로 인해 협업이나 경쟁이 발생하면 관계 설정이 애매하거나 갈등이 생길 수 밖에 없습니다. 그런 경우에 XFT나 TFT의 업무 진행과 성과에 부정적인 영향을 줄 가능성이 발생할 수 있습니다. 멘토링은 기업 활동에 있어서 상당한 효용가치가 있는 일이지만, 기업에서 1순위의 가치는 비즈니스입니다. 멘토링이 중요해도 기업 활동에 부정적인 영향을 줄 수 있는 가능성을 완전히 차단할 수 있도록 페어링해야 합니다. 그래서 최소한 두 직급 차이가 나도록 최소 8년에서 10년 차이의 연차를 권장합니다.

흔히 사용하는 직급 체계는 '사원 – 대리 – 과장 – 차장 – 부장 – 이사 – 상무 – 전무 – 부사장 – 사장'으로 이어지는 전통적인 체계입니다. 사원은 최소한 과장급 이상의 멘토를 만나야 하고, 과장은 최소한 부장급 멘토를 매칭하는 것이 좋습니다. 이런 전통적인 직급체계에서 차장급 위로는 멘토링을 받을 기회가 사실 거의 없다고 볼 수 있습니다. 차장, 부장이 되면 멘티가 되기보다는 멘토의 역할만 남습니다.

이보다 단순한 체계, '주임 – 선임 – 책임 – 수석 – 담당 – 상무'의 체계에서도 두 직급 이상의 매칭을 하되, 여기서도 수석급 이상은 멘티가 될 수 없습니다.

통상적으로 많이 사용하는 직급 체계와 다른 조직이라면, 두 직급 차이를 두는 규칙에 따르기가 어려울 수 있습니다. 그러면 직급 연차의 개념과 중요성이 우리보다 약하고, 직급 간 나이 차이가 거의 무의미한 외국의 기업들은 어떻게 하고 있을까요?

해외 기업에서 직급은 Job Band 1(신입사원) – 2 – 3 – 4…9 – 10(사장)으로 존재하면서 직책만 사용하는 조직들이 있습니다. 유럽에는 Graduate – Associate – AVP(Assistant Vice President) – VP(Vice President) – Director – Managing Director – Board Member – CEO 체계가 많이 사용됩니다. 조직의 구성원이 매우 젊고 빠르게 성장하고 있는 신규 산업이거나 아직 조직이 작은 경우에 '주니어 – 시니어 – 리드 – 헤드'로 단순하게 체계를 구성하는 경우도 있습니다.

프로젝트 조직이나, 매트릭스 조직, XFT등에서 일할 때, 원칙적으로 경쟁 관계가 발생하지 않도록 멘토와 멘티를 매칭합니다. 그래서 같은 부서에 속한 두 사람의 매칭은 거의 없고, 가능한 멀리, 다른 층이나 건물에서 근무하거나, 다른 도시에서 일하는 두 사람을 매칭하는 방법을 채택하는 경우가 많습니다.

요약하면, 8년에서 10년의 연차를 권장하지만 그 이유는 어떠한 경우라도 업무로 만나 멘토와 멘티가 경쟁하지 않아야 하고, 중간 매니저(=차장, 수석, Director, 리드) 이상은 더 이상 멘티가 될 수 없는 선도 정할 수 있어야 합니다. 그러면 매니저 이상의 직급자가 멘토링을 원한다면 어떻게 할까요? 다음 장에서 다룰 것입니다.

3. 사업장이 여러 곳에 분산되어 있다면,

외국인 직원이나 임원이 있다면 멘토링에 적극적으로 활용할 필요가 있습니다. 국내 기업에 초빙되거나 고용된 외국인은 신입 직원인 경우보다 전문직 매니저급이거나 임원일 때가 더 많습니다. 멘토링은 결국 한 사람이 조직 생활을 통해 성장하면서 가지게 된 노하우를 후배 멘티에게 무료로 전수해주는 일이기 때문에 외국인 멘토는 한국인 멘토가 전해 줄 수 있는 멘토링의 내용과 다른 경험과 관점에서 나오는 조언을 해 줄 가능성이 있습니다. 외국인 임원을 잘 활용하면 멘토링에서 예상할 수 있는 조언과 경험치의 공유가 예상하지 못했던 수준으로 확장될 수 있습니다. 외국인 임원은 우리와 다른 환경에서 공부하고Educational Background, 우리 기업에 오기 전에 이미 다른 조직 문화를 경험한 경우일 것입니다. 뿐만 아니라 우리 기업에서 지금 함께 하고 있더라도, 계약된 기간이 끝나면 본국으로 돌아가거나, 다른 아시아 국가에서 커리어를 이어가는 사람들이 대부분입니다. 글로벌 커리어를 위한 경력 관리Career Path Planning 과정에서 고려했던 점들은 글로벌 커리어를 꿈꾸는 우리 조직의 멘티가 필요로 하는 조언이 될 수 있습니다.

그래서, 여러 나라에 조직을 가지고 있는 글로벌 기업은 국경을 넘어 멘토와 멘티를 매칭하는 경우가 많습니다. 국내 기업들도 해외의 조직을 갖춘 회사들이 많아지고 있기 때문에 국경을 넘어 매칭할 수 있는 상황이 증가하고 있습니다. 우리나라에서 공부하고 성장한 한국인 매니저급 멘티는 홍콩이나 도쿄의 지점장급 임원 멘토를 매칭할 수 있습니다. 반대로 한국인 매니저급 멘토는 갈수록 외국인 주니어 직원에게 인기 있는 멘토가 되고 있는 것 같습니다. 홍콩이나 싱가포르 지점에 입사하는 글로벌 인재 중에는 비즈니스가 다양하게 발전하고 있는 한국, 그리고 한국의 비즈니스에 대해 궁금함을 가지는 주니어 직원들이 늘고 있기 때문입니다. 멘토와 멘티가 영상회의를 통해 멘토링을 시작하고 출장 기회에 실제로 만날 수 있도록 매칭을 기획하는 방법도 있습니다.

국내에서만 조직을 가지고 있는 회사라면, 근무지가 다른 경우를 적극적으로 활용할 수 있습니다. 서울의 신입사원 멘티와 여수나 울산의 생산거점에서 일하는 엔지니어 멘토를, 본사 재무팀의 대리급 멘티와 근무지가 연구소인 멘토를 매칭하는 것과 같이 근무지가 다른 경우를 국내에서도 적극적으로 활용할 수 있어야 합니다.

4. 멘토링 프로토콜 Protocol

프로토콜이란 규칙, 외교상의 의전과 의례를 뜻하는 말입니다. 멘토링 미팅이 이어질 때, 빠뜨리지 않아야 말아야 할 프로토콜이 존재합니다. 멘토는 멘토링이 아니라면 굳이 공개할 필요가 없는 개인의 노하우를 조언으로 전수해주는 선생님의 역할을 합니다. 멘티는 조직에서 멘티로 지정되었다는 이유 만으로 누구에게도 공유하지 않아도 되는 멘토의 소중한 지적 자산과 경험치를 공짜로 얻을 수 있습니다.

첫 번째 멘토링 미팅은 담당자가 처음부터 끝까지 중간에서 도움을 줍니다. 두 번째 미팅부터 멘티는 예의를 갖추어 장소와 시간을 제안하고 멘토링을 준비해야 합니다. 멘토링 시간에 다루었으면 하는 질문과 주제를 메신저가 아니라 이메일로 미팅 일주일전에 멘토에게 알려 멘토가 생각하거나 준비할 시간을 확보해주어야 합니다. 멘토링 미팅이 끝나면, 멘티는 3일 또는 일주일 안에 멘토에게 이메일로 좋았던 점들을 언급하고 다음 멘토링에 추가로 다루었으면 하는 생각도 전달하여야 합니다.

멘토와 멘티, 두 사람의 관계는 상사와 부하가 아닙니다. 멘토링 프로토콜을 확실히 구분해서 규칙으로 정하고 학습자인 멘티가 프로토콜에 따라 미팅을 준비하는 방법으로 **만남의 진지함**을 자연스럽게 확보할 수 있습니다. 두 번째 미팅부터 멘토링 프로토콜에 대한 역할은 멘티에게 주어집니다.

한 번 멘토링이 시작되면 한 사이클은 짧으면 3개월, 길면 1년으로 진행합니다. 멘토와 멘티 두 사람이 모두 동의한다면 최대 1년+1년까지 멘토링 미팅을 연장하기도 합니다. 미팅의 주기는 보통 한 달에 한 번, 1년으로 멘토링을 진행하는 경우에는 분기별 미팅으로 진행할 수 있습니다.

한 번, 두 번, 1년, 2년 멘토링이 진행되면서 담당자는 멘토링 사례를 기록하고 분석하면서 노하우를 축적합니다. 개선할 점을 찾아 다듬는 노력을 지속할 때, 우리 조직에 맞는 멘토링 프로그램을 발전시켜 나갈 수 있을 것입니다. 훌륭한 해외 기업의 멘토링 사례가 경영학 매거진이나, HRD 사례 논문에 소개되는 경우라도 우리 기업에 꼭 맞으리라는 보장은 없습니다. 오히려 오래 숙성된 해외의 사례를 아직 멘토링의 역사가 짧고 변화의 속도가 빠른 우리 기업에 '복사+붙여넣기' 하듯 적용하려 한다면 잘 들어맞지 않고 부작용을 발생시킬 가능성도 있습니다. 한두 해 실시하고 효과에 대한 의심이 커지거나, 바쁜데 귀찮은 일로 초기에는 인식될 가능성이 더 높습니다. 하지만 오랜 노력을 통해 해외의 기업들은 멘토링을 발전시켜 온 결과, 인재 확보 전쟁에서 기업을 홍보하는 효과적인 수단으로 멘토링을 언급할 수 있는 수준에 도달하고 있습니다.

☑ 세 줄 요약

① 멘토링은 페어링이 90%

② 업무로 인한 충돌이 없도록 두 직급 이상 차이가 나도록 매칭

③ 멘토링 프로토콜과 프로그램의 숙성기간은 필수

5

멘토도
멘토링 받고 싶다

〈 다양한 멘토링 방법 〉

멘티는 중간 관리자나 매니저급으로 성장하면 멘토가 될 기회가 생깁니다. 부장과 임원이 되면 책임감은 전보다 무거워집니다. 조직 안팎에서 지식을 쌓기 위해 노력하고, 멋있게 리더십을 발휘해야 하는 상황이 늘어날 수밖에 없습니다. 책임감이 무거워지면서 멘토의 조언에 대한 필요를 느끼지만, 부장과 임원이 되면 멘토링으로 도움을 받을 기회는 거의 없습니다. 업무와 리더의 역할만으로도 바쁜데 멘티로서 학습 부담이 추가로 발생할 수 있는 멘토링은 그래서 더 어려워집니다.

시니어 매니저나 임원에게는 멘토링의 형식을 조금 다

른 방식으로 전환하여 도울 수 있는 방법이 있습니다. 멘티가 되면서 생기는 학습의 부담을 덜어주는 코칭과 상담을 받을 수 있도록 시니어 직원과 임원을 지원합니다. 일반적인 심리 상담사와는 다른 상담사가 필요합니다. HRD 담당자는 멘티의 성장을 도운 멘토에게도 필요한 멘토링 방법을 찾아 제공할 수 있어야 합니다.

전문 심리상담사

기업의 관리자급 임원을 위한 심리상담 서비스가 있습니다. EAP Employee assistance program 서비스로 제공하는 일반적인 직원의 심리상담과 다른 전문 심리상담사 선생님들이 있습니다. 100세 시대가 강조되면서 미국을 시작으로 우리나라에도 기업의 임원을 했던 분들이 50대에 제2의 인생을 준비하면서 심리학 전공으로 일반대학원에 진학하고 심리상담 전공으로 석사 학위를 받는 퇴직자와 은퇴자들이 있습니다. 전문 심리상담사가 되기 위해 많은 비용을 지출하면서 수퍼비전 코칭을 받고 3년 이상의 실전 상담 경력을 갖춘 선생님들이 활동하고 있습니다. 기업에서 간부나 임원의 역할을 해본 노련한 상담 선생님들을 기업의 40·50대 부장과 임원에게 매칭시켜 도움을 주는 방법을 활용하는 기업이 있습니다.

그런 임원 멘토링에 적합한 전문 심리상담 선생님들에게는 몇 가지 특징들이 있습니다.

① 비즈니스 감각

② 임원으로 일했던 경험을 통한 간부급 내담자와 라포 형성

③ 전문 심리상담 훈련을 거친 안정적인 소통력

④ 50대 후반에서 60대 선생님

⑤ 검증된 인품

이런 조건들을 두루 갖춘 전문 심리상담 선생님은 많지 않지만 국내에서도 활동 중인 선생님들이 있습니다. 임원으로 은퇴했기 때문에 경제적인 문제의 해결을 위해 직업을 선택하는 경우보다는 은퇴 후 제2의 인생에 의미를 더하기 위한 생각으로 심리상담을 선택하는 분들입니다. 그래서 상담 계약의 횟수를 줄이면서 상담의 질을 높이려는 생각으로 활동한다고 합니다. 수요에 비해 경험이 많은 좋은 선생님들의 공급은 부족한 상황으로 전문가로

인정받은 선생님들은 인기가 많습니다. 뿐만 아니라 '비즈니스 리더 심리 상담'을 성공적으로 진행한 선생님은 상담 서비스를 받았던 대기업으로부터 리더십과 코칭 교육을 담당하는 임원으로 재취업 제안을 받는 경우도 있습니다.

퇴직자 커뮤니티의 활용

모든 은퇴자와 퇴사자를 자동으로 퇴사자 커뮤니티에 가입시키는 방식이 아닙니다. 커뮤니티 운영팀에서 평판이 좋고, 주변 사람들을 잘 도울 수 있을 것이라 검증된 은퇴자를 선별하여 커뮤니티에 가입 제안을 합니다. 은퇴자뿐만 아니라 경쟁사가 아닌 회사로 이직하는 40·50대, 파이어족의 삶을 결정한 30대 후반의 자발적 조기 퇴사자에게도 선별하여 퇴직자 커뮤니티의 가입을 제안합니다. 따라서 국내 기업이 도입하는 경우에 모든 퇴사자와 은퇴자를 가입 대상으로 고려하지 않아야 하고, 커뮤니티에 가입시킬 직원을 선별하는 시스템을 갖추어야 합니다.

퇴직자 커뮤니티는 퇴직자와 회사 모두가 만족할 수 있는 방식으로 운영됩니다. 은퇴할 시간이 다가오는 좋은 간부급 직원에게 퇴직 전에 전문 심리상담사 포지션을 제안하고, 심리상담 공부를 할 수 있도록 지원합니다. 우리 기업에 그런 상담사가 있다면 부장과 임원에게 좋은 상담과 멘토링을 제공할 수 있을 것입니다. 직원은 은퇴 설계에 도움을 받을 수 있고, 회사는 회사를 잘 아는 좋은 멘토를 확보할 수 있습니다.

멘토링 이외에도 커뮤니티를 활용할 수 있는 방법이 있습니다. 회사가 아시아 V국가에 사업장을 열고 새 오피스를 셋업해야 하는 임원에게 아시아 S국가에서 오피스 셋업의 경험이 있는 퇴직자를 매칭하여 컨설팅과 코칭을 받을 수 있게 지원하는 방식으로 커뮤니티를 활용합니다. 퇴직자들이 작가가 되어 회사의 역사를 기록하는 책, 특정 분야에 전문성이 있는 퇴직자가 노하우를 기록으로 남기는 책을 출간하고 싶을 때, 회사는 비용을 지원하거나 집필 공간을 제공하여 출간을 도울 수 있습니다.

회사는 퇴사자 커뮤니티에서 활동한 퇴직자들을 1년에 한 번 초청하여 식사와 숙박을 제공하는 이벤트를 주최합니다. 퇴사자 커뮤니티를 운영할 수 있을 만큼 규모가 있는 유럽의 대기업들은 커뮤니티를 통해 기여가 있는 퇴직자에게 복지 혜택을 퇴사 후에도 제공합니다. 회사 소유의 호텔을 이용하고, 회사가 후원하는 콘서트나 전시회 티켓을 선물하는 방법으로 제공됩니다.

회사와 퇴사자가 이렇게 서로 주고받으면서 운영되는 퇴사자 커뮤니티의 노하우와 코칭 파워는 다른 회사에서 쉽게 '복사+붙여넣기'로 베낄 수 없는 회사의 자산이 됩니다.

리버스 멘토링Reverse Mentoring

원래 멘토링이 그리스 신화에 뿌리를 두고 있고, 유럽과 미국으로부터 국내 기업에도 도입되었는데, 리버스 멘토링에 이르면 오히려 해외보다 국내에서 요즘 더 활발하게 사례가 발견되고 있습니다. 말 그대로 리버스 멘토링, 역으로 진행하는 멘토링입니다. 주니어 사원이나 대리급 직원이 멘토가 되고, 임원이나 사장이 멘티로 매칭됩니다. 제대로 활용되지 못하면 회사 홍보팀에서만 활용하는 나쁜 사례로 남는 경우도 있지만, 꼼꼼한 준비를 통해 제대로 활용하면 임원과 경영진의 창의적인 비즈니스 활동과 경영에 도움이 됩니다. 임원이 되면서 최신 트렌드와 유행을 빠짐없이 챙기는 일은 어렵거나 흥미가 떨어질 수 있습니다. 리버스 멘토링을 통한다면 간부나 임원인 멘티가 시장의 새로운 트렌드를 발 빠르게 흡수할 수 있습니다. 임원이나 고위급 책임자가 잘하는 경영 실력에 최신 트렌드를 놓치지 않는 감각을 더한다면 기업의 경쟁력 확보에도 큰 도움이 되는 방법으로 활용할 수 있습니다.

트렌드뿐만 아니라 다양한 분야의 여러 기술이 통합 Convergence하는 방식으로 경쟁사보다 빠르게 제품과 서비스를 시장에 제공해야 하는 기업이라면 놓쳐서는 안 될 리버스 멘토링입니다. 디자인 기업, 인터넷 뱅킹, 온라인 보험회사, 화장품 제조기업 등 젊은 감각의 수용 여부가 비즈니스와 매출에 영향이 즉각 나타나는 비즈니스라면 적극적으로 도입해 볼 필요가 있습니다.

리버스 멘토링에서 가장 중요한 점 역시, '멘티는 항상 질문을 구체적으로 준비'해야 한다는 점입니다. 연차가 역전된 상황이면서, 멘토링 경험이 없는 주니어 멘토가 질문에 구체적인 답을 주기 위해서는 일반적인 멘토링에서 중요한 주의 사항, '구체적인 내용으로 질문하기' 역시 필수적입니다.

커리어 코칭 전문가

검색으로 빠르게 비즈니스 코치, 커리어 코치를 찾을 수 있지만, 기업의 임원을 대상으로 멘토링의 효과까지 보여줄 수 있는 특별한 코칭 선생님들이 있습니다. 회의를 주재하면서 직원들의 관심과 열정이 부족해서 좋은 비즈니스 아이디어가 나오지 않아 스트레스를 받는다며 불평하는 임원이 있었습니다. 회사는 전문 비즈니스 코치를 고용하여 임원과 상담하게 했고, 코칭 전문가는 임원이 주재하는 회의를 일주일간 녹음하고 녹화하기로 제안하였습니다. 녹화된 임원의 모습은 주로 실적 부진에 대해 질책하는 말투와 제스처가 주를 이루었습니다. 부하 직원들이 의견을 자유롭게 개진할 수 있는 분위기는 보이지 않았습니다. 의기소침한 직원들은 긴장감을 놓지 못했고 안절부절하는 모습이었습니다.

코칭 전문가는 생산적인 아이디어를 원한다면 회의의 긴장감부터 낮출 수 있어야 한다고 조언하였습니다. 직원들이 창의적인 생각을 할 수 있도록 임원의 역할은 Facilitating, Sponsoring하는데 초점을 맞춰야 한다고 조언하였고, 임원은 자신의 모습을 되돌아볼 수 있었다고 합니다. 높은 톤의 목소리로 직원을 긴장시킨 상황에서 창의적인 아이디어를 도출하기 위한 회의는 성과를 내기 어렵다는 것을 알았고, 강압적인 분위기의 회의가 일상이 되어 결국 리더십과 거리가 멀어지고 있는 자신의 모습을 임원은 발견할 수 있었습니다.

HR팀의 멘토링

HR 업무에는 인사 기록관리, 급여와 연금 관리, 보험 관리 등의 데이터 관리를 반복적으로 수행하는 부분이 적지 않습니다. 그래서 유럽, 미국, 싱가포르의 글로벌 기업들은 다수의 인력이 필요하면서 놓칠 수 없는 HR Back Office 업무를 인도, 멕시코로 이전하는 사례가 있습니다. 인도, 멕시코뿐만 아니라 유럽의 몰타와 슬로바키아는 영어 구사 능력이 있는 인력을 비교적 낮은 임금으로 다수 고용할 수 있는 시장 상황이기 때문입니다. 그런 지역에 Back Office 업무와 역할을 분산하는 방법으로 본사에 고용된 HR 직원에게 반복적인 HR 업무를 배제시키고, HR 팀의 업무 능력을 전문성이 필요한 분야로 집중할 수 있도록 돕는 정책을 취하기도 합니다. 경영에 효율을 높이기 위해 회사가 Back Office를 활용할 때 HR Back Office를 추가로 두는 방법입니다.

인사업무와 인재개발 담당자의 전문성은 한 가지 업무를 오랫동안 수행하면서 향상되는 특성이 있고, 동시에 다른 부서의 업무, 비즈니스 업무에 대한 이해도가 높아야 한다는 특성도 있습니다. 그래서 HRM, HRD 팀에 경력 직원이 새로 들어오고 나갈 수 있도록 교류 정책을 채택하는 기업이 있습니다. 주니어 HRD 담당자가 비즈니스 부서의 핵심 인재들이 어떻게 일하고 있는지 경험할 수 있게 잡 로테이션Job Rotation을 통해 회사의 다양한 부서를 경험하게 하는 방법도 활용됩니다. 주니어 HRD 직원이 비즈니스 부서에 관심을 가질 때, 파견될 업무 부서의 특성을 멘토링을 통해 미리 탐색할 수 있는 기회로 멘토링을 활용할 수 있습니다. 또한 비즈니스 부서에서 경력을 쌓은 직원이 HR 업무에 관심이 있다면, HR 팀의 리더급 직원이 멘토가 되어 인사와 인재개발 업무팀에 교류가 일어날 수 있게 도울 수 있습니다.

잡 로테이션과 파견 근무를 통해 주니어 HR 담당자가 다양한 경험을 할 수 있게 돕거나, HR 팀에 다양한 경험을 가진 인재들의 유입을 이끌 수 있는 HR 팀의 멘토링은 좀 더 잦은 빈도로 실시할 수 있어야 합니다. 멘토링 프로그램의 담당자인 HR팀이 멘토링을 실제로 더 많이 경험한다면, 멘토링 프로그램을 기획하고 운영하는 데에도 도움이 됩니다.

　세 편의 글을 통해 멘토링에 대해 살펴보았습니다. 문제는 기업에서 멘토링은 요즘 그렇게 인기 있는 교육 방법이 아니라는 점에 있습니다. 디지털 트랜스포메이션, 에듀테크, AI 등의 유행하는 신기술과의 접목이 없고, 아직 국내 기업에는 모범 사례로 삼을 만한 멘토링 프로그램의 사례가 없기 때문입니다. 실무형 멘토링 전문가도 아직 잘 보이지 않습니다. 멘토링은 신기술을 기업 교육에 도입할 때 발생하는 비용 부담이 거의 '제로'이면서, 교육자와 학습자가 1:1 미팅으로 만나기 때문에 교육 내용의 전달 효과는 아주 높습니다. 감성이 없는 신기술이 매개가 아닌, 사람이 사람을 통해 서로 성장할 수 있다는 장점은 멘토링을 통해 감동을 느끼게 할 수도 있습니다. 무엇보다 멘토링은 조직에 선순환의 시작을 만들 수 있다는 가장 큰 장점이 있습니다.

기업 교육 과정에 멘토링이 제대로 자리를 잡고, 멘토가 열정적인 멘티에게 멘토링하는 모습이 더 많아질 수 있기를 바라며 멘토링을 마무리합니다.

☑ 세 줄 요약 ─────────────

① 멘토가 원하는 건 학습 부담이 덜한 멘토링

② 리버스 멘토링에서도 멘티가 연습해야 할 건 '구체적으로 질문하기'

③ 멘토링뿐만 아니라 코칭, 상담, 퇴직자 커뮤니티 멤버의 활용

6

잡 로테이션

(**신입 MZ의 조직 조기 이탈 방지 기술**)

고르고 골라 뽑은 신입사원의 조직 조기 이탈률이 높아
진다고 합니다. 통계청의 '경제활동 인구조사'에 따르면
2021년 첫 직장 평균 근속기간은 '1년 5.3개월'이라고 합
니다. 전년도보다 0.6개월 짧아진 수치입니다. 데이터가
아니더라도 주변에서 들어가기 힘들다는 좋은 회사에 입
사하고 얼마 지나지 않아 그만두는 사람들을 종종 볼 수
있습니다. 신입 사원의 조직 조기 이탈 원인으로 여러 가
지 문제점들이 거론되고 있지만, 이에 대한 예리한 분석
과 조직 조기 이탈을 방지하는데 도움이 될만한 뾰족한
인재 관리 정책은 딱히 떠올릴 수 없어서 점점 고충이 크

게 느껴집니다.

'굿 오피스 내재화 기술'의 마지막 Job Rotation은 해외 글로벌 기업에서 글로벌 공채를 통해 입사한 신입 직원들을 대상으로 시행하고 있는 제도입니다. Job Rotation을 '순환근무'로 번역해서 이해하기 쉽지만, 우리나라의 공기업, 사기업에서 실시하는 '순환근무'와 대상자가 다르고, 다른 특징들이 있기 때문에 책에서는 **잡 로테이션**Job Rotation이라고 언급합니다.

갈수록 높아진다는 신입 직원들의 이탈률은 조직의 미래뿐만 아니라 당장 부담으로 작용할 가능성이 있습니다. 신입 직원을 새로 보충해야 하거나, 남는 구성원들에게 업무 부담을 가중시킬 수 있기 때문입니다. 고르고 골라 뽑은 주니어 사원이 조직에 뿌리내릴 수 있도록 실질적인 대안을 제시하면서 도움을 주어야 합니다. 신입 사원은 조직의 미래, 그 자체입니다. 아직 누구일지 알 수 없지만 신입사원 중에는 조직의 명운을 맡겨야 하는 미래의 대표이사와 임원이 포함되어 있기 때문입니다.

1년 차 신입 사원의 잡 로테이션

신입 사원은 입문 교육이 끝나면 첫 부서에 배치되어 소속이 생깁니다. 처음 배치된 부서에서 할당받은 업무가 적성에 잘 맞지 않거나, 성향이 너무 다른 상사나 동료와의 갈등으로 퇴사를 고민하고 결정하는 경우가 점점 문제로 발견됩니다. 사실, **신입 1년 차 직원에게 대단한 업무 능력을 바라지 않습니다.** 큰 조직에서 신입사원의 기여를 대단하게 인정할 수 있는 분야도 거의 없습니다. 공채를 통해 채용된 직원의 1년 차는 **사회생활, 조직생활에 대한 적응력을 기르고, 조직 생활 자체를 학습** 목표로 삼고 배우는 기간입니다. 함께 입사한 동기들과 교육 장소에서, 그리고 사무실 밖에서 회합하여 보내는 시간이 많은 편입니다. 회사 업무와 상사, 동료들에 대해 이야기하고 커리어에 대한 방향을 생각해보는 시간을 가집니다.

신입 입문 교육이 끝나는 시점에 회사의 단 한 차례 결정으로 배치받는 첫 직무는 신입 직원이 원하던 분야일 수도 있지만 그렇지 못할 가능성이 더 높습니다. 2순위나 3순위로 희망하던 부서에 배치되면, 1순위로 써낸 희망 업무 부서에는 아예 접근조차 해보지 못하는 불운이 생길 수도 있습니다. 1순위 희망 부서에 배치받지 못하면, 신입 사원에게 동기부여는 떨어질 수밖에 없습니다. 그럴 때 상사나 동료와의 작은 갈등 하나만으로도 쉽게 마음이 회사 밖으로 향하는 경우가 생깁니다. 1순위로 지원한 부서에 선택받고 커리어를 시작하는 행운이 따르는 신입 사원이 있습니다. 그런 경우라도 예상과 다른 실제 업무의 모습에 놀라 스트레스를 받을 수 있습니다. 1년 차에 맡는 업무는 학부 전공과 관련한 전문성을 인정받지 못하고 주니어로서 단순 업무만 장시간 반복하면서 희망하던 부서에 가더라도 흥미를 잃기 쉽습니다.

업무를 배우고, 커리어에 대한 고민을 많이 하게 되는 신입 1년 차에는 다양한 경험을 할 수 있도록 잡 로테이션의 기회를 폭넓게 주어야 합니다. 신입 1년 차에 잡 로테이션을 할 수 있도록 제도로 만들어 3~4개월마다 다른 부서를 경험하면 1년간 3~4개의 부서를 경험해 볼 수 있습니다. 적어도 서너 가지의 직무를 실제로 경험할 수 있고, 각 분야의 전문가들과 생활할 기회를 얻습니다.

신입사원은 1년간 직접 경험해본 3~4가지의 직무를

통해서 회사의 **어떤 직무가 자신의 성향과 잘 맞았는지, 어떤 사람들과 일했을 때 팀에 시너지를 낼 수 있었는지, 언제 설렘** Motivation**을 느꼈는지** 스스로 알게 됩니다. 그러면 자신이 **어떤 일을 해야 성과를 내고 인정받을 가능성이 높은지, 다음 커리어 방향은 어떻게 설정할지** 직접 결정할 수 있습니다. 잡 로테이션으로 경험을 통해 스스로 내린 결정에 확신을 가지기가 쉽습니다. 서너 군데 부서의 상사를 통해 앞으로 필요한 자격이나 시험에 대해서 상세하게 조언을 구하기도 쉬워집니다.

국내외 신입사원 잡 로테이션과 신입 교육

1) 글로벌 기업의 신입 사원 채용 사례를 보면 전 세계를 대상으로 신입 사원을 뽑아 여러 나라의 오피스에 배치하고 6개월마다 본부의 교육 시설에 소집하여, 중간 교육을 하고 다른 지역의 해외 오피스에 잡로테이션을 시킵니다. 이렇게 잡로테이션을 12개월에서 24개월 동안 실시하여 유능한 신입사원이 스스로 일을 잘할 수 있다고 판단하는 지역과 직무를 깨달을 수 있도록 돕습니다. 가장 큰 규모의 글로벌 기업에서 발견할 수 있는 방식입니다.

2) 글로벌 공채보다는 작은 규모로, 전 세계를 ① EURO-MENA(Middle East & North Africa) ② Asia-Pacific ③ Americas와 같이 세 지역으로 구분하고 신입사원을 채용하는 경우에는, 1년간 한 그룹의 지역의 여러 오피스를 경험할 수 있도록 돕습니다. Asia-Pacific 소속으로 입사한 신입 사원은 서울에서는 상품기획팀 근무, 상하이에서는 생산시설 근무, 싱가포르에서는 HRD 근무를 하는 것으로 잡 로테이션을 합니다.

3) 언급된 두 가지 방식의 글로벌 공채 사례는 국내의 신입 사원 연수와 비교해서 비용과 규모에 있어서 차이가 크다고 느낄 수 있습니다. 그런데, 지금 어느 나라의 기업보다 글로벌하게 기업 활동을 하고 있고, 계속 그렇게 글로벌해야 하는 기업은 우리나라의 기업입니다. 세계적인 수준에 오른 자동차와 반도체 기업뿐만 아니라 해외에서 인기를 얻고 있는 라면과 만두를 파는 식품기업, K 콘텐츠가 잘 팔리는 방송국, 엔터테인먼트 기업, 아시아 국가로 사업을 확장하고 있는 은행, 보험, 증권 금융기업 등을 생각해보면 쉽게 답을 얻을 수 있습니다. 지금 당장 모든 신입 사원을 대상으로 해외 잡 로테이션의 기회

를 줄 수 없어도 공급이 수요보다 낮은 직군에게 또는 포상의 개념으로 선별하여 해외로 잡 로테이션의 기회를 주는 방식도 포함하고 시작할 수 있습니다. 해외로 잡 로테이션을 보낼 수 없는 작은 규모의 조직이라도 조직 안에서 **다이내믹한 커리어의 모습을 최대한 보여줄 수 있도록** 잡 로테이션을 설계해야 합니다. 그러면 신입 사원이 적어도 1년 안에는 조직 이탈의 가능성을 고민하기보다, 다음 잡 로테이션 부서에 대한 기대를 먼저 가질 수 있게 됩니다.

1년 차 잡로테이션 중인 신입 직원에게 숙련된 스킬이나 전문성을 기대할 수 없어도, 새로운 시각에서 검토해 볼 업무가 있다면 잡 로테이션으로 투입된 1년 차 직원의 가능성을 확인할 수 있는 분야도 있습니다. 다음 연도 입사지원자의 이력서와 자소서를 HR 채용담당자와 1년 차 직원은 다른 시선으로 읽고 평가할 수 있습니다. IT 개발자로 입사한 잡 로테이션 1년 차 직원을 채용 업무에 보조로 투입하는 경우입니다. 코딩을 배우고 자격증을 땄다는 경영학과 출신 지원자의 이력서와 자소서를 보고 보여주기용 스펙인지, 진짜가 나타났는지 구분할 수 있는 역량을 HR 채용팀에 더할 수 있습니다. 같은 이력서와 자소서를 읽어도 신입 1년 차 개발자와 HR 채용담당자는 평가 항목에 따라 다른 점수를 줄 수 있기 때문입니다. 1년 차 직원이 주는 점수를 참고하는 수준으로 도입하면, 나중에 잡 로테이션의 효과를 검증해 볼 수 있는 기회도 생깁니다. 해볼 만한 시도가 아닐까요?

IT 분야의 신입 직원이 아니더라도 국내 에너지 기업에 입사한 공대 출신 주니어 사원을 실제로 회사에서 운항하는 유조선에 2, 3개월 승선시킬 수 있습니다. 중동에서 원유와 천연가스가 운송되는 과정을 실제로 경험할 수 있도록 잡 로테이션으로 포함하는 것은 에너지 기업들이 많이 활용하는 방법입니다. 은행에 입사한 신입 회계사는 IT 팀이나 법무팀에서 잡로테이션을 경험하고 미래의 커리어 방향을 정하는데 도움을 얻을 수 있습니다. 과거와 달리 재무회계 부서뿐만 아니라 IT부서나 법무팀에도 회계사의 역할은 커지고 있기 때문입니다.

유의할 점,

1) 전국 조직을 갖춘 국내 공기업에서 말하는 '순환근

무' 제도는 직원의 근무 선호지역과 비선호지역 중에 선호지역으로 지원이 쏠리는 현상을 방지하기 위한 목적으로 주로 활용됩니다. 따라서, 책에서 말하는 잡 로테이션과 목적이 다릅니다. 파견근무는 파견 전과 같은 업무를 하는 것으로 다양한 업무를 경험시키는 것을 목표로 하는 잡 로테이션과 구분합니다.

2) 경력자 위주 상시 채용의 폭이 넓어지고, 신입도 대규모 공채가 아닌 채용 방식이 도입되고 있습니다. 그럼에도 신입 공채, 캠퍼스 리크루팅은 여전히 외국 대기업도 매년 실시하고 있습니다. 캠퍼스 리크루팅에서 우수한 인재를 선점하기 위한 기업의 경쟁은 치열합니다. 매력적인 잡 로테이션 제도를 캠퍼스 리크루팅, 채용 안내 페이지, SNS에 홍보하여 우수한 인재가 지원할 수 있도록 관심을 유도할 수 있습니다.

3) 신규 1년 차의 MBO는 다른 방식이어야 합니다. 점수 중심의 평가 방법을 배제해야 합니다. 잡 로테이션에 맞추어 3개월 단위 단기 목표를 설정Goal Setting합니다. 1년의 로테이션이 끝난 뒤, 업데이트한 CV와 Job Rotation Highlights를 작성하여 제출하는 방식으로 대체합니다.

조직에 잡 로테이션이 잘 숙성된다면, 신입 직원의 **조직에 대한 이해도**를 높이고, 다양한 사람들과 직접 부딪히고 일하면서 **적응력**을 높이는 효과를 낼 수 있습니다. 신중하지만 소심한 성격의 전문가를 상사로 만나고, 다음에는 친화력이 좋은 상사를 만나는 기회가 생깁니다. 한번 잘 맞지 않는 상사와 팀원을 만나더라도 끝이 아니라 다음 로테이션에는 다른 경험을 해볼 수 있다는 기대를 가지게 됩니다. 조직에서 조기 이탈을 고민하더라도 잡 로테이션 경험으로 얽힌 여러 사람들로부터 마지막 조언을 구할 수 있습니다. 그중에는 신입 사원을 특별히 많이 아껴주고 가능성에 대해 칭찬을 해준 상사가 한 명은 있지 않았을까요? 신입사원을 위한 잡 로테이션 제도는 신입 MZ의 조기 조직 이탈률을 낮추는 데에도 기여가 있을 것입니다. 참고할 만한 국내외 기업의 사례도 많은 편입니다.

잡 로테이션의 다양한 모습

잡 로테이션을 기존 경력 직원에게 활용할 수 있는 방법이 있습니다. 다른 지역에서 일하는 두 구성원이 일정 기간 Position Rotation을 하는 방식과, 반복되는 작업으로 생기는 심리적 무료함을 지울 수 있도록 Task Rotation의 방식이 있습니다. Position Rotation은 가족이 있는 경력 직원들은 선호도가 낮고, Task Rotation은 효율을 따지면 문제점이 지적될 수 있습니다.

팹리스Fabless 반도체 설계 기업과 파운드리Foundry 반도체 생산 기업은 서로 직원을 교환하는 방식으로 잡로테이션을 실시합니다. 고객사와 공급자 사이에 원활한 커뮤니케이션과 상대방에 대한 이해를 높이기 위한 목적으로 직원을 로테이션시킵니다. 반도체 전공정Front-end 기업과 후가공Back-end 기업 사이에도 볼 수 있습니다. 거제도 조선소와 프랑스 가스플랜트 설계 기업이 직원을 로테이션시키는 사례도 있습니다.

기술 기업 간의 잡 로테이션은 전문 분야에서 업무 효율의 확보를 목적으로 하는 파견근무와 유사한 점이 있지만, 네트워킹, 마케팅, 직원 연수를 목적으로 잡 로테이션을 활용하는 기업도 있습니다. 전략적 제휴Strategic Alliance를 선언한 두 기업 사이에 제품이나 서비스에 호환성을 높이기 위한 목적으로 잡 로테이션 근무자를 교환하는 사례, 신시장을 함께 개척하기 위해 직원을 교환 근무시키는 보험회사와 은행의 잡로테이션 사례가 있습니다. 긍정적인 효과를 보기 위해서 두 기업 간에 정보 보안, 비용 분담 등의 사항을 먼저 합의해야 하는 기획에 난이도가 생기는 잡 로테이션입니다. 신입 1년 차에 잡 로테이션을 경험해 본 구성원이 많은 조직일수록, 나중에 다른 기업과 잡 로테이션을 성공적으로 기획하고 수행해야 하는 시점에 쓸 수 있는 노하우가 쌓여 있을 것입니다.

☑ **세 줄 요약**

① 신입 1년 차에게 기대하는 전문성은 솔직히 높지 않다.

② 입사 후 6~12개월 사이에 잡 로테이션으로 다양한 경험 제공

③ 잡 로테이션은 신입 사원의 조기 이탈 방지 기술

GOOD
OFFICE

4부

휴먼웨어
업그레이드 패치

1

About
휴먼웨어

(**I'm cared**)

일을 하다 보면 과중한 업무와 힘든 관계 때문에 종종 'I'm tired', 그리고 'I'm worried'를 말하는 상황이 발생합니다. 휴식이나 재충전이 없는 상태에서 반복되면, 커리어에 대한 동기가 떨어지거나 번아웃이라는 불행으로 이어집니다. 퇴사를 고민하고 실행하는 커리어 단절과 긴 휴식의 상황을 선택하기도 합니다.

살면서 너무 힘들 때, 극단적인 선택을 고민했던 사람들은 '정말 죽어야 할 정도로 힘든가?'라는 질문을 두고 깊은 생각의 시간을 거친다고 합니다. 긴 생각의 끝에는 '죽고 싶을 만큼 힘들어서, 극단적인 선택을 고민했던 것'

이 아니라 충분히 '위로'받지 못해서 그런 선택을 할 수도 있겠다는 결론을 얻는다고 합니다.

회사 일은 어려운 사람들과의 관계 속에서, 그리고 과중한 업무로 인해서 때로는 포기나 진로 변경이 현명한 선택지로 남는 경우도 있습니다. 하지만 삶의 무게를 이기지 못한 상황에서 위로받지 못하고 극단적인 선택을 고민했던 사람들과 다르게 회사는 직원이 회사로부터 'I'm cared', 그리고 상사와 동료로부터 'I'm loved'와 같이 긍정적인 지원과 격려를 받을 수 있도록 도와야 하는 기업 활동의 주체입니다. 반복적으로 'I'm tired', 'I'm worried'를 말할 수밖에 없는 상황에 빠져서 헤어 나오지 못하고 있는 것은 아닌지 직원을 잘 살펴야 합니다. 과중한 업무량을 두고 'I'm tired'를 말하거나, 힘든 관계 때문에 'I'm worried'를 말할 수밖에 없는 상황은 조직 안에서 많이 발생하기 때문입니다.

I'm cared.

회사는 잘 키워온 인재, 휴먼웨어Humanware를 회사의 중요한 자산으로 여기고 세심하게 살펴야 합니다. 회사는 직원의 업무량이 많으면 함께 조직의 효율을 검토해야 하고, 회사 안팎에서 피할 수 없는 관계로 인한 스트레스 역시 함께 고민해야 합니다.

회사는 성과로 증명할 수 있는 영리추구를 목적으로 하는 곳입니다. 경쟁사와 비슷한 수준의 지원과 형식적인 면담은 효과를 기대하기 어려운 값싼 응원과 격려가 될 뿐입니다. 그래서 말뿐이 아닌 실효성 있는 지원과 격려를 담아 직원이 'I'm cared', 그리고 'I'm loved'를 느낄 수 있도록 해주어야 합니다.

I'm equipped.

직원이 'I'm cared'를 느끼게 하려면, 업무에 필요한 업무 스킬skill set을 가지게 하는 것이 가장 필수입니다. 단순한 직무 교육과 통상적인 연수가 아니라, 변화하는 비즈니스 경쟁 상황을 빠르게 간파하고, 시장을 주도할 수 있도록pro-active 구체적이고 효과적인 방법으로 휴먼웨어를 발전시켜야 합니다.

그래서, 직원이 'I'm equipped', 'I'm equipped with skill set and mindset'이라고 말할 수 있을 때, 직원은 바쁜 일정

과 과중한 업무 앞에서도 'I'm cared'를 느낄 수 있습니다.

'I'm tired'와 'I'm worried'를 자주 말하는 휴먼웨어가 아니라 조직 내에 'I'm cared', 'I'm loved'를 느끼는 직원이 많을수록 조직의 경쟁력은 향상될 것입니다. 직원이 경쟁에서 이기는 일은 결국 회사가 경쟁사를 압도해서 만드는 성과가 됩니다.

4장에서는 기업의 휴먼웨어에 대해About Humanware 지원할 수 있는 기업의 역할과 역량을 다룹니다. 현재의 시스템을 갈아엎는 방법이나 대안 제시가 아니라 업그레이드를 위한 패치 규모의 수정과 보완으로 세심하게 휴먼웨어의 성장을 도울 수 있는 방법입니다.

☑ **세 줄 요약**

① 회사로부터 I'm cared.

② 상사와 동료로부터 I'm loved.

③ 충분한 지원을 받고 I'm equipped라고 말할 수 있는 자신감을 가지고 있나요?

2

사교육의 성과가
높은 이유

(**휴먼웨어에 대한 투자 방법**)

토익과 영어공부, 그리고 자녀의 영어교육을 생각해보면 학교 공교육에 좋은 점수를 주기 어렵습니다. 그래서 사교육으로 학원에서 비용을 지출하고 별도의 수업을 받습니다. 그것도 만족스럽지 못하면 1:1 영어회화 과외를 받거나, 어학연수로 해외에 나갑니다. 비용은 많이 들지만, 학교 공교육보다 사교육의 효과는 훨씬 좋습니다. 게다가 맞춤형 교육이기 때문에 때로는 다수를 대상으로 하는 공교육과 비교가 무의미한 수준의 결과물을 만듭니다. 문제는 투자, 즉 '돈'입니다.

사교육에 있어서 부모의 경제력에 따라 발생하는 불평

등이 사회적인 문제로 대두되기도 하지만, 회사의 경우라면 다릅니다. 사교육을 많이 받는, 즉 교육에 투자를 많이 받은 직원은 불만을 토로하기보다 I'm cared, I'm equipped를 느끼고 업무능력이 향상될 것입니다. 친구들보다 자녀의 학업 성취도가 높기를 바라는 것처럼 우리 직원의 능력은 경쟁사의 직원보다 높아야 합니다.

사교육은 우리나라가 2등이라면 서러워할 영역입니다. 사교육비 지출 역시 마찬가지입니다. 비용은 많이 들지만 효과와 만족도는 최고 수준을 보장합니다. 기업 교육, 직원 교육에 있어서도 우리가 너무 잘하는 사교육의 방법을 채택해야 합니다. 경쟁사와 비슷한 수준의 직무 교육과 예측 가능한 일정의 보상형 워크숍으로 직원은 충분히 I'm cared, I'm equipped 되어 있음을 느낄 수 없습니다. 뻔한 커리큘럼의 교육 시간은 실효성이 낮을 뿐만 아니라 바쁜 업무에 방해가 된다고 느끼거나 귀찮은 일로 여겨집니다.

어쩌면 회사의 휴먼웨어, 직원에 대한 교육은 아이들이 사교육을 받아서 발휘하는 격차보다 더 큰 차이를 만들어내야 하는 분야입니다. 사교육과 마찬가지로 돈을 투입하지 않으면 높은 교육의 효과를 기대할 수 없습니다. 이전보다 많은 교육 개발 비용을 쓰고, 맞춤형으로 교육을 설계하는 HRD(인적자원개발) 부서의 실력 또한 중요합니다. 좋은 교육 과정을 설계하는 일은 사교육처럼 맞춤형으로 만들 때, 효과를 높일 수 있습니다.

교육이 필요한 분야에서 전문가와 교수를 찾아 즉시 강의를 의뢰하는 데 그쳐서는 안 됩니다. 그러면 전문가와 교수는 평소에 하던 교육을 그대로 수행하거나 약간의 수정을 거친 내용으로 교육할 것입니다. 교육 전문가가 업무에 실질적인 도움이 될 수 있는 콘텐츠를 개발하고 설계할 수 있도록 기다려주어야 합니다. 우리 회사의 조직과 업무를 파악하고, 고객사의 성향과 경쟁 상황을 분석하고, 경쟁사의 허를 찌를 수 있도록 맞춤형 교육 프로그램을 개발해야 합니다. 당연히 교육 전문가에게 충분한 시간을 주고 비용을 지불해야 합니다.

1:1 미디어 인터뷰

기업의 교육 과정에 1:1 과외와 같은 형식은 아직 국내 기업에서 드문 사례인 것 같습니다. 그러나 외국 기업들은 미디어 인터뷰를 해야 하는 직원이 있으면 전문 프리랜서 아나운서를 고용하여 꾸준히 연습을 시킵니다. 업무와 관련한 미디어 인터뷰를 실전같이 연습하고 주기적으로 업그레이드 패치 교육을 해줍니다. 제조업, 금융업, 서비스업, 테크 기업 등 요즘은 업종을 가리지 않고, 신제품과 서비스 출시, 기업 소개와 같은 내용으로 미디어 인터뷰를 할 기회가 빠르게 증가하고 있습니다. 유튜브 채널뿐만 아니라 회사 홈페이지 등의 다양한 채널에 직원의 인터뷰가 업로드될 기회는 많습니다. 조직을 대표해서 홍보하는 중요한 역할이기 때문에 프로페셔널한 준비와 연습으로 기업의 이미지 제고에 큰 효과를 발휘할 수 있습니다.

제대로 준비된 인터뷰와 알찬 콘텐츠는 포털사이트와 유튜브의 선택을 받고 알고리즘의 은총을 받아 예상을 뛰어넘는 놀라운 홍보 효과를 발휘합니다. 기업 교육을 위한 예산의 규모를 생각하면 1:1 코칭을 담당하는 전문 프리랜서 아나운서의 교육 비용은 생각보다 높지 않습니다.

Financial Acumen

재무회계의 언어, 돈의 언어를 배우는 일입니다. 기업을 설명하고 이야기할 때 무엇보다 중요한 개념입니다. 개인이 재테크, 주식 투자, 암호화폐, 부동산 투자에 관심을 가지는 일 만큼, 조직 안에서 일하는 사람이라면 누구나 잘 알고 익혀야 하는 것이 '**재무회계의 언어와 감각**Financial Acumen'입니다. 하지만 신입 사원 시절을 벗어나고, 3년 차 이상 혹은 중간 관리자로 성장하면서 필요를 느끼지만 혼자 공부하는 방법 말고는 제대로 배울 기회가 없는 분야이기도 했습니다.

1) 모든 재무회계의 영역을 교과서처럼 커버하는 일반적인 교육이나 강의가 되어서는 안 됩니다. 재무 회계를 다루어 본 사람은 회사마다, 부서마다, 비즈니스에 따라 재무회계 분야에서 중요도가 높은 분야는 다르다는 것을 쉽게 알고 있습니다. 회사의 비즈니스에 맞게, 담당하는 업무에 따라, 직원의 성숙도에 따라 맞춤형으로 교육을 설계해야 합니다.

대학 강의처럼 기업의 재무회계 교육을 실시하면 교육

시간이 길어지고 어려워서 지루해지기 쉽습니다. 우리 회사의 실제 사례를 사내 교육에 대입해서 직원들이 쉽게 관심을 보이고 학습할 수 있도록 내용을 구성해야 합니다. IR 담당 직원이 아니더라도 우리 회사의 기업 가치가 우리의 실력에 비해 저평가받고 있지는 않은지 숫자와 데이터로 논의할 수 있어야 합니다. 회사의 모든 업무를 구조화시켜 숫자로 이해하는 재무제표에서 내가 회사에서 하는 역할을 항목과 수치로 말할 수 있게 되면 다른 어떤 교육보다 배움의 가치를 일상 업무에서 체감할 수 있습니다.

2) 영업 현장에서 싸우는 영업부와 마케팅 직원은 경쟁사뿐만 아니라 고객사를 재무회계의 언어로 이해할 수 있어야 합니다. 고객사를 재무회계의 언어로 파악하고 설명할 수 있으면, 숫자와 데이터로 제안하고 설득할 수 있습니다. 고객사가 싸워야 하는 경쟁사에 대해 머리를 맞대고 상담해 줄 수 있는 수준으로 영업 직원들은 재무회계의 언어에 밝아야 합니다.

3) 백오피스와 관리 업무를 담당하는 직원도 관리회계에 대한 지식뿐만 아니라 회사 전반에 관한 흐름을 재무

회계의 언어로 이해하고 말할 수 있어야 합니다. 특히 재무회계 담당 직원은 다른 부서의 직원들을 교육하는 강연자가 될 수 있도록 강의 스킬을 함양해 두어야 합니다. 사내 강사 양성 교육은 HRD 담당자나 CS 강사 양성에 그치지 않고, 중간 간부 이상의 직원은 서로 다른 부서의 직원들을 교육할 수 있도록 폭넓게 제공되어야 합니다.

회사 안팎의 전문가를 동원하여 우리 회사에 맞는 내용으로 Financial Acumen을 높이는 교육 과목으로, 조직 안에서 구체적으로 활용할 수 있는 'CFO에게 보고하기 Reporting to CFO', 대외적으로 필요한 '협상 기술Negotiation Skill in difficult situation'이 있습니다. 플립 러닝과 맞춤형으로 내용을 개발하고 직원에게 워크숍의 기회를 제공합니다. 필요하면 외부 교육 전문가가 우리 회사의 재무회계 담당자와 미팅을 가질 수 있도록 HRD 부서에서 주선해 주어야 합니다.

이외에도 1:1로 교육을 설계하거나, 맞춤형으로 교육 내용을 개발해야 하는 영역이 있습니다. 관계 관리만 잘하면 영업이 되거나, 인플루언서를 활용하기만 해도 판매가 잘 되는 시기는 지났다고 판단되는 마케팅, 브랜딩 분야가 있고, 세일즈 직원의 전문성을 높일 수 있는 Insight Selling, Knowledge Sales, Challenger Sales과 같은 과목을 맞춤형으로 개발해 두어야 합니다.

뿐만 아니라 리더십 교육Emerging Leaders, Leadership Development, 전략적 사고하기Strategic Thinking 디지털 트랜스포메이션 Digital Transformation 역시 우리 회사의 비즈니스 분야를 다룰 수 있는 전문가를 찾아 단순히 강의와 교육을 의뢰하기보다 맞춤형으로 콘텐츠를 만들고 교육 기회를 제공해야 하는 영역입니다.

사교육이 가진 1:1 교육과 맞춤형 교육의 힘은 기업 교육과 직무 교육에도 힘을 발휘할 것입니다. 휴먼웨어에 대한 투자는 결국 성과로 돌아옵니다. 공교육만으로 자녀가 앞서 나가기를 기대하지 않는 것처럼, 조직의 휴먼웨어에도 과감한 투자가 필요합니다. 사교육과 맞춤형 교육의 힘, 우리가 제일 잘 아는 분야입니다.

① 1:1 맞춤형 사교육의 힘

② 결국, 돈과 관련한 투자의 문제

③ 맞춤형 교육을 설계할 수 있는 유능한 HRD 담당자의 확보

3

차이를 차별하지
않는 실수

반도체, 자동차, 배터리, 조선, IT, 엔터테인먼트 등 여러 산업에서 우리나라 기업들이 보여주는 눈부신 성과로 경제 뉴스를 읽는 시간이 즐거운 요즘입니다. 온 인류가 공통으로 겪는 팬데믹에도 수출총액은 매월 우상향으로 경신되고 있습니다. 노동과 자본집약적 중공업 중심의 산업에서 자본과 기술집약적 반도체, 휴대폰과 같은 하이테크 산업으로 성공적으로 진화했고, 요즘은 우수한 제조업의 성과에 더해 우리의 콘텐츠 산업도 세계 시장에서 크게 각광받고 있습니다.

잘해오고 있는 우리 기업들이 이대로 계속 승승장구하

기를 바라지만, 우리나라 기업들이 아직 해외의 기업보다 부족한 부분도 있습니다. 좋은 성과를 지속적으로 발휘하기 위해서 좋은 휴먼웨어를 확보하고 성장시켜서 뛰어난 성과를 내는 것 까지는 해외 기업에 뒤지지 않는 단계에 이르렀습니다. 그러나 인재의 성과를 구별하고 고성과자high performer를 관리하는 방식에는 아직 부족함을 느끼는 점이 있습니다.

차이를 차별하지 않는 실수가 초래하는 비극

차이를 차별하지 말아야 하는 것은 모두가 공존하는 사회 속에서 정치적 올바름Political Correctness, PC을 추구하는 보편적인 가치의 영역입니다. 그러나 두 가지 전제를 두고, 첫째로 기업에서, 두 번째로 성과에 있어서, 차이를 차별하지 못하는 실수는 정치적 올바름을 떠나 경쟁 상황에서 위기를 초래하거나, 기업의 존폐에도 위협이 될 수 있습니다.

국내외 스카우트 기업은 고객이 원하는 인재를 찾아 빼앗아주는 일을 성공시켜야 수입이 발생합니다. 스카우트나 헤드헌팅 비즈니스 자체를 시장에서 막을 수 없습니다. 헤드헌터의 연락을 받고 회사를 떠나는 인재는 대부분 같은 업종의 경쟁회사로 향합니다. 일부 기술 기업에 있어서 경쟁회사로 이직은 법률과 판례에 의해 취업 금지 제한을 받지만 제재의 기간은 보통 1년 내외입니다. 우리 기업의 우수한 기술 인재를 중국에 빼내 주는 스카우터를 부도덕하다고 비난할 수 있어도, 사실 대부분 그런 스카우트 기업은 해외에 소재하고 있어 우리 법의 잣대로 심판하기 어렵습니다. 엔지니어 개인의 직업 선택에 대한 자유를 막을 길도 없습니다.

해외의 사례나 기술 엔지니어가 아니더라도, 우리 회사의 인재가 국내 경쟁사로 이직하는 것도 회사에는 큰 위협이 됩니다. 이직을 제안받는 인재는 주로 우리 회사에서 고성과자high performer인 경우가 대부분입니다. 다른 직원보다 뛰어난 고성과자를 빼앗기는 상실에 더해, 우리 회사를 잘 아는 인재가 하루아침에 경쟁사의 칼이 되어 우리 회사를 예리하게 공격하는 비극으로 이어질 수 있습니다.

우리보다 기업의 역사가 긴 해외에서도 이러한 문제를 잘 알고 있지만 뾰족한 해결책을 가지고 있는 기업은 잘 없는 것 같습니다. 직업 선택의 자유가 보장되고, 불법을 저지르지 않는 한 스카우트 비즈니스를 막을 길이 없기 때문입니다. 그럼에도 해외 기업들은 고성과자 인재를 빼앗기지 않기 위해 휴먼웨어의 관리 방법을 연구하고 좋은 아이디어를 제도로 도입하는 노력을 하고 있습니다. 공정한 평가를 위해 평가방법(MBO, KPI, OKR etc.)을 연구하고, 고성과자를 위한 합리적인 보상 체계를 도입하고, 고비용 보상형 교육과 연수 기회를 제공하고, 워라밸까지 꼼꼼하게 챙겨주는 다양한 방법들을 동원합니다.

우리나라 대기업들도 이러한 연구와 노력에 공을 들이고 있지만, 그중에서 해외의 사례와 비교했을 때 아직 유난히 부족한 부분은 '합리적인 보상체계'가 확립되어 있지 못하다는 점입니다. 성과의 차이를 합리적인 수준의 차별로 보상하는 데에는 아직 미흡한 점이 많이 보입니다.

뛰어난 성과와 남다른 가능성을 보여주는 3년 차 사원 한 명의 가치는 주니어 동료 두 명의 역량보다 높이 평가해 줄 수 있어야 합니다. 스스로 커리어에 동기부여가 확실한 고성과자 과장은 평범한 부장의 성과를 넘어서는 경우도 있습니다. 인재를 빼앗아서 고객사에 넘겨야 수익이 발생하는 스카우터의 레이더망에 포착되는 인재는 주로 뛰어난 3년 차 사원과 고성과자 과장입니다.

일부 테크 기업과 대기업에서 고성과자에게 보상을 차등하는 사례들이 있지만, 해외 기업의 사례와 비교하면 아직 우리 기업들은 적극적으로 차별의 크기를 보여주지 못하고 있습니다. 다음의 예시에서 금액으로 표기한 부분은 회사나 업종에 따라 차이가 많기 때문에 참고만 하고, 차별의 크기만 확인하는 것으로 삼습니다.

사원: 4,000~8,000만 원, 2배

과장: 6,000~1억 5,000만 원, 2.5배

부장: 1억~3억 원 이상, 3배 이상

같은 직급이라도 차별의 크기는 최소 2배, 최대 3배 이상의 차이가 되어야 합니다. 직급 간 역전 현상도 발견됩니다. 커리어에 방향성과 목표career path가 확고하고, 동기부여가 잘 된 고성과자high-performer가 회사 밖으로 곁눈질

하지 않도록 몰입할 수 있게 만드는 차별이어야 합니다. 그리고 고성과자에게 보상뿐만 아니라 경험 관리와 코칭도 챙겨줄 수 있어야 'I'm cared' 받고 있음을 확인시켜 줄 수 있습니다.

성과의 차이를 이유로 이전보다 큰 차별을 합리적으로 보상체계에 도입하기 위해서 공정한 평가는 최우선 전제 조건입니다. S, A, B, MA 등의 등급으로 평가하고 줄을 세우는 기존의 상대평가 방식보다 목표로 삼은 항목의 성취 여부와 그 개수를 확인하고 성취한 항목의 중요도에 의견을 교환하는 절대평가 방식, 1년에 한 번만 평가하는 것이 아니라 평가자의 주관이 덜 개입될 수 있도록 분기별로 자주 평가를 하고 코칭과 지원에 중점을 두는 방식, 평가자에 대한 평가와 동료의 평가를 반영하는 방식 등의 새로운 방법들이 시도되고 있습니다. 성과를 숫자만으로 평가하기 힘든 지식서비스 기업, 연구개발 기업, 스타트업, 해외의 기업들이 먼저 시도하고 공정한 평가 방식의 완성도를 높이기 위해 매년 개선점을 찾고 수정하는 노력을 반복합니다.

몰래 인터뷰를 거치고, 거부하기 힘든 제안을 받아서

이직을 결심한 인재에게 의리, 배신감, 좋은 관계를 언급하면서 이직을 철회하도록 설득해 내기 어렵습니다. 그러한 설득과 번복을 종용하는 시도는 프로페셔널하지 못할 뿐만 아니라, 아름다운 이별이 되지 못합니다. 돌고 돌아 나중에 어디선가 다시 만나면 얼굴을 화끈거리게 하는 순간을 만들 수 있습니다.

해외 기업에서는 너무나 당연한 차별이지만, 아직은 우리 기업이 잘 못하는 일, '차이를 차별하지 않는 것'은 기업의 실수입니다.

☑ 세 줄 요약

① 같은 연차라도 보상은 2~3배 차이

② 직급 간 급여 역전도 당연

③ 프로페셔널 비즈니스 세계에서 '관리 능력의 부족, 의리 없음, 배신'이 무슨 일?

4

ESG 경영과
휴먼웨어

(**귀찮다, 모르겠다가 통하지 않는 일**)

전 세계의 모든 비즈니스가 팬데믹의 소용돌이에 휩싸여 있는 2021년, 세계 최대의 자산운용사 미국의 블랙락 Blockrock은 또 다른 큰 소용돌이를 만들었습니다. 앞으로 ESG Environmental, Social, Governance(환경 보호, 사회적 책임, 지배구조) 경영에 있어 문제가 있거나 이와 관련하여 글로벌 스탠더드를 추구하지 않는 회사에 더 이상 투자를 하지 않거나, 투자한 자본도 회수하겠다는 선언을 했기 때문입니다.

세계에서 가장 큰 자산운용사 블랙락의 투자 규모는 1경 원에 이릅니다(가늠이 잘 안 되는 숫자이지요). 국민연금의 운용규모가 600조 규모이고, 1경 원이면 구글, 마이크로소프트, 애플, 삼성전자의 지분 100%를 다 사고도 남는 금액입니다. 블랙락은 국내 대기업에도 투자를 많이 하고 있기 때문에 우리 기업들도 ESG의 바람을 피할 수 없는 상황입니다.

아무리 좋은 의도라고 해도 2021년에 갑자기 나온 선언이라면 거대 자본가의 정책 횡포라고 말할 수도 있지만, ESG는 사실 15년 전부터 예정된 일이었습니다. 2004년 UN에서 인권Human rights, 노동Labor, 환경Environment, 반부패Anti-corruption 문제와 관련하여 국경을 넘어 자유롭게 사업을 하는 다국적 기업과 자본가들에게 책임 있는 역할을 요구하였습니다. 거대 다국적 기업이 여러 나라에서 사업을 하면서 인권, 노동, 환경, 반부패와 관련한 문제들이 제기되었었고, 세계 각국의 법과 제도에는 글로벌 기업과 자본가들이 다국적 기업이라는 특성을 이유로 빠져나갈 수 있는 허점들이 있었습니다. 모든 나라에 적용 가능한 규제를 만드는 것은 불가능한 일이기 때문에, UN은 2004년, 자본가들에게 인권, 노동, 환경, 반부패, 4가지

이슈와 관련하여 윤리적이고 책임 있는 역할을 요구하였습니다.

2006년 4월 책임감 있는 글로벌 금융회사들은 미국 뉴욕 증권거래소(NYSE)에 모여 UN이 주도한 책임투자원칙 PRI, Principle for Responsible Investment에 서명하였습니다. 지금까지 책임투자원칙에 서명한 금융기관은 4,900곳에 이릅니다.[•] 2004년과 2006년경 다국적 기업과 자본가의 책임투자원칙이 논의되던 시점에 처음으로 ESG라는 말을 사용하기 시작했습니다.

그러나 아무리 좋은 뜻이라도 당장 ESG를 도입하고 실행하는 일은 금융기관과 다국적 기업에게도 경영에 부담이 생기는 일이었고, 15년의 준비기간을 두고 본격적인 시행은 유예하기로 합의했습니다. 그래서 2006년 책임투자원칙(PRI)에 서명이 시작되고 15년이 지난 2021년 미국의 블랙락에서 나온 ESG에 대한 강력한 메시지는 갑

• https://www.unpri.org/signatories/signatory-resources/quarterly-signatory-update(2022.07. 01)

작스러운 일이라고 불평할 사안이 아니라 예정된 수순에 따른 결과입니다. 일부 우리 기업들이 갑작스럽다고 불만을 토로하는 상황과 달리, 미국과 유럽의 금융기업들은 지난 15년간 ESG와 관련한 사항을 점검하고, 회사의 규칙으로 만들기 위해 연구하고 있었습니다.

UN과 금융 투자자들은 지난 15년간 ESG에 직접 언급된 환경, 사회, 경영과 관련한 이슈 이외에도 자발적인 규제가 필요한 사항들을 찾아 연구하였습니다. 테러 단체로 불법적인 자금 유입을 막기 위한 노력으로 자금세탁 방지Anti-money laundry를 위한 국제 금융 결제 시스템에 협조하고, 경제 제재Economic Sanction 문제에도 관여하였습니다. 인류애에 반하는 방위산업Defense Industry에 대한 규제의 검토, 동물학대Cruelty to animal or Animal abuse 이슈에 민감한 의약품 및 화장품 제조기업, 저임금으로 아동의 노동을 착취하던 축구공 제조 및 커피 기업의 문제를 자발적으로 검토하고 기업의 사회적 책임을 회사의 규칙으로 만들기 위해 노력했습니다.

해외의 금융기관들은 ESG에 직접 거론되지 않아도 자발적으로 앞에 언급한 민감한 사항들을 추가해서 고민하고 'Sensitive Business Area, SBA', 또는 'Sensitive Business Risk, SBR'이라는 이름을 붙여 회사의 준법감시Compliance 항목으로 관리하였습니다. 제재가 필요하다고 확신했던 이슈는 사규로 만들거나 준법감시 업무에 포함시켜 직원 교육에도 활용하였습니다. 지난 15년 동안 해외의 금융 기관과 다국적 기업들이 기업 경영자의 관점에서 비용이 발생하고 귀찮을 수밖에 없는 사회적 책임에 대한 사항을 연구하고 관리해온 이유는 15년의 유예기간이 종료하는 2021년부터 ESG와 관련한 문제에서 떳떳하지 못하면 회사의 비즈니스에 치명적인 위험이 될 것임을 인지했기 때문입니다.

지금 전 세계의 기업들이 다루고 있는 ESG는 구호만 앞서는 차원의 문제가 아닙니다. 기업의 ESG 경영과 노력을 측정할 수 있는 수치로 만들어 공개하고 있는 상황에 이르러 있습니다.

ESG Ratings Corporate Search Tool – MSCI[*]

Company ESG Risk Ratings – Sustainalytics[**]

인터넷 사이트에 회사의 이름을 입력하면(eg. Kakao, Samsung Electronics, Google or Alphabet, Rio Tinto etc), 수치와 등급으로 각 회사의 ESG 점수를 확인할 수 있습니다. 앞으로 투자자들은 개별 회사의 ESG 경영을 구체적인 숫자와 등급으로 확인하고 비교하여 투자 여부를 결정할 것입니다.

ESG는 이미 기업의 생존과 관련한 중대한 사항이 되었습니다. 회사의 ESG와 관련한 노력을 검증 가능한 숫자로 시장에 발표하지 못하면 안 되는 수준으로 진화해왔고 ESG 경영은 귀찮다고 미뤄둘 수 없는 문제가 되었습니다. 도덕적으로 올바르지 못한 기업 활동을 하거나, 사회적 책임을 등한시하는 기업은 투자자와 시장으로부터 외면받게 되었습니다. 우리나라에도 직원의 비정상적인

• 〈ESG Ratings & Climate Search Tool〉, https://www.msci.com/research-and-insights/esg-ratings-corporate-search-tool

•• 〈Company ESG Risk Ratings〉, https://www.sustainalytics.com/esg-ratings

갑질 통화('Governance' 문제로 지배구조와 경영에 해당)와 오너 일가의 범죄와 부도덕한 스캔들로 소비자의 외면을 받는 기업이 있었습니다. 매출이 정체되고 결국 회사를 통째로 매각하기로 결정한 사례가 있었습니다. 회사도 문제지만, 꿈을 안고 그 회사에 입사해서 열심히 일하던 직원은 성장을 위한 동기를 다지기보다 가족과 주변의 걱정으로부터 마음이 편안하지 못했을 것입니다.

예전과 같이 눈앞의 이익만 좇아 윤리적이지 못한 행동에 눈을 감거나, 사회적인 책임을 외면하면 회사의 ESG 점수는 떨어질 수밖에 없습니다. 촉박한 일정과 비용 부담을 이유로 공사장의 안전 수칙을 등한시하여 발생하는 인명 사고, 환경오염에 대한 경각심이 낮은 개발 사업은 감시를 받고 나쁜 사례로 기록되어 ESG 점수에 치명상을 남깁니다. 직원은 안전사고에 노출되고, 회사의 인재는 환경오염을 유발하는 행위자가 되게 만듭니다. 인재를 뽑아 교육하고, 성과에 좋은 보상을 하는 것보다 더 중요한 일이 되어가고 있습니다.

ESG, CSR, SBA, Compliance(준법감시)의 문제는 주어진 업무를 하기에도 바빠 죽겠는데 회사 생활을 더 힘들게 만드는 귀찮은 일이 아닙니다. 경영자와 리더가 먼저 생각하고, 직원에게 교육해야 하는 필수 항목이 되었습니다. 우리가 성장만 바라보고 왔던 지난 15년 동안 외국에서 ESG는 투자자들이 구체적인 숫자로 검토하는 수준으로 발전했습니다. 뿐만 아니라 직원, 휴먼웨어의 안전과 심리적 상태에도 치명적인 영향을 주는 ESG 책임 경영은 회사와 직원, 결국 스스로를 보호하는 방어막을 만드는 일입니다.

☑ 세 줄 요약

① ESG는 이제 회피할 수 없는 중대 과제
② 비윤리적인 기업 활동은 기록으로 남아 ESG 점수에 반영
③ ESG 경영과 기업의 사회적 책임은 휴먼웨어에도 치명적 영향

5

Empathy in HR

(**유능한 HRD 담당자의 중요성**)

유능한 인적자원개발(HRD), 조직개발(OD) 전문가의 요건으로 HR 업무 경력, 학위, 자격증을 꼽을 수 있습니다. 전문성을 확보하기 위해 바쁜 와중에 샐러던트형 회사원으로 대학원에 진학하는 HR 전문가들을 주변에서 종종 볼 수 있습니다. 국내외 자격증 획득을 위해 자격 조건을 갖추고 시험을 보는 사람들도 있습니다. 비용을 지출하고, 주말에 휴식 시간을 쪼개어 공부를 선택하는 열정적인 사람들을 비교적 많이 볼 수 있는 부서가 HRD와 OD입니다.

그런데, HR 실무에 더해 학교에서 이론을 공부하고, 발

빠르게 트렌드를 습득하는 노력에 못지않게 HR 전문가라면 놓치지 말아야 할 역량이 있습니다. '공감 능력과 감정이입'을 뜻하는 **'Empathy'**입니다. 한 단어의 우리말로 딱 맞게 떨어지는 표현이 없어서 번역해서 사용할 때, 상황에 따라 '감정이입' 또는 '공감 능력'이라고 표현합니다.

업무 경력은 시간이, 전문성은 노력이 해결해 줄 수 있는 부분이 크지만, Empathy는 조금 다른 특징을 가진 역량입니다. 수치나 등급으로 측정할 수 있는 방법이 없고, 단시간의 노력으로 형성되지 않는 특징이 있습니다. 한 사람이 살아오면서 어떤 경험을 했고, 경험을 통해 어떤 생각을 하고 무엇을 배웠으며, 어떤 성격의 사람이 되었는지를 생각해봐야 하는 문제이기 때문입니다. 업무 경력, 학위, 자격증과 같이 필수적인 요건이면서 Empathy라는 역량도 사람을 다루는 HRD와 사람이 성과를 낼 수 있도록 조직을 연구하는 OD 전문가에게 꼭 필요한 자질입니다.

10여 년 전 저는 운 좋게도 유능한 HR 채용담당자를 만난 적이 있습니다. 이직을 결정하고 상사와 회사에 사직 의사를 전달했습니다. 규칙에 따라 퇴사 전까지 30일 동안 더 근무하고, 6주 후에 새로운 회사에 첫 출근하는 일정으로 퇴사와 입사를 조율하였습니다. 동종 업계의 경쟁사로 이직은 아니었지만, 업무 연관성이 있는 회사로 이직이었기 때문에 이직 과정에서 정보 보안, 회유, 승진과 연봉 재협상 제안과 같이 민감한 문제들이 발생했던 이직 기간을 거쳐야 했습니다.

6주 후에 새로 입사할 회사의 HR 채용담당자 크리스틴은 홍콩에서 매주 약속한 시간에 맞춰 전화를 해주었습니다. 사직을 통보하고 나서 무리 없이 퇴사 절차가 진행되고 있는지, 특히 상사에게 퇴사를 통보하는 과정은 잘 넘어갔는지, 스트레스는 없었는지, 매주 홍콩에서 전화로 물어주었습니다. 새로 입사할 회사의 채용담당자 크리스틴은 제가 당연히 심리적으로 힘든 시간을 보내고 있을 것이라 예상했다고 합니다. 그래서 이번 주에는 이런저런 어려운 일들이 있었다고 통화하면서 푸념을 늘어놓은 날도 있었습니다. 크리스틴이 모든 문제 상황에 대해 정답을 줄 수 없었지만, 상담자로서, 코치로서 때로는 새 동료로서 저의 이야기에 귀를 기울여 주었습니다. 대화가 길었던 어느 날에는 과거에 자신도 퇴사와 이직을 할 때 힘들었던 경험에 대해 전해 주었습니다.

매주 전화로 이야기하다 보니 대화의 분위기는 점점 편안해졌고, 셋째 주, 넷째 주가 되면서 통화는 30분, 1시간까지 이어지고 있었습니다. 아직 퇴사 전이었기 때문에, 정규 업무시간에는 새로 입사할 회사의 채용담당자와 통화를 할 수 없는 상황이었습니다. 크리스틴의 모든 전화는 퇴근한 7시 이후이거나, 송별 저녁식사가 있는 날이면 9시 이후에 맞춰 걸려왔습니다. 홍콩에서 일하는 크리스틴이 유연근무를 통해 근무시간을 조정했는지 알 수 없었지만, 제가 퇴근하고 난 이후의 늦은 시간에 전화를 주었습니다. 저와 통화가 있는 날은 크리스틴에게는 야근하는 날이었습니다. 신규 입사자가 조직에 합류하기 전 가장 힘들 수 있는 기간에 야근을 마다하지 않고 전화로 안부와 상황을 묻고 챙겨준 크리스틴은 6주 동안 새 동료가 되어 퇴사와 이직 기간에 힘든 마음을 추스르는 데 정말 큰 도움이 되었습니다. 시간이 많이 지나서 그때를 돌이켜보면 채용담당자의 Empathy가 이런 시기에 이런 방식으로 조직에 녹아들게 할 수 있음을 알게 되었습니다.

그리고, 입사하게 되면 새 상사와 함께 첫날부터 업무 이외의 영역에서 저의 적응을 도와줄 Buddy를 선정해 두었다고 알려주었습니다. 저의 Buddy가 될 사람은 옆 부서에 근무하는 분이고, 술을 마시지 않고, 회사에 오래 근무하고 있는 분이라 업무 이외의 분야에서 조직에 빠르게 적응하는데 도움이 될 것이라고 알려주었습니다.

잘 준비된 조직의 온보딩 과정에서 소프트랜딩을 돕는 HR 팀의 노력과 정성은 신규 입사자에게 감동을 주는 경험이 되었습니다. 기업의 첫 관문인 채용 단계에서 경험한 HR 담당자의 Empathy를 사례로 공유했지만, Empathy라는 역량은 채용 이후의 모든 HRD, OD 업무에도 필요합니다. 채용 이후에 바로 이어지는 교육, 성과관리, 코칭, 보상 등의 HR 업무 영역에도 유능한 HR 전문가가 세심하게 Empathy를 담은 HR 정책과 제도가 마련되어 있어야 합니다.

우리 기업의 과제

사례로 언급한 저의 경험은 외국 회사에서 근무할 때 있었던 일입니다. 하지만, 우리 기업에서 Empathy 역량은 아직 구체적으로 HR 제도를 만드는 데 있어 중요성을 크게 인정받지 못하고 있습니다. 우리 기업의 HRD 정책에 Empathy 역량을 담아 구체적인 제도로 구현하기 위해 고려해야 할 점들이 있습니다.

첫째, 우리나라 기업의 HR 담당자들은 너무 바쁩니다. 문제는 우리 기업의 HR 담당자들이 바쁜 이유가 상대적으로 HR 담당 직원의 수가 부족하다는 데 있습니다. 교육과 컨설팅을 위해 여러 기업의 HR 담당자를 만나게 되었고, Empathy를 구현하기에 우리 조직들은 외국에 비해 HR 담당 직원의 수가 부족하다는 생각을 가지게 되었습니다. HR 업무에 Empathy를 반영하여 정책을 수립하고 실무를 하기 위해서는 과중한 업무로 인한 압박이 없어야 합니다. 다른 비즈니스 부서의 업무와 달리, 사람을 깊이 있게 다루는 HRD 업무는 물리적으로 노동 강도의 압박과 스트레스가 가득한 상황에서 제대로 수행하기 어려운 특성이 있습니다. HR 팀원이 처리해야 하는 업무량을 분석하여, 할당된 업무량에 있어 조금은 여유가 있어야 합니다. 사람에 대해 연구하고, 정책을 만드는 HR 담당자에게 워라밸이 더욱 중요한 이유입니다.

조직이 유능한 HR 팀을 가지는 일은 최고 경영진Top Management의 지원이 따라야 하는 문제입니다. 어떤 부서가 일을 잘하기 위해 최고 경영진의 지원을 받는 일, 어쩌면 뻔해 보일 수 있는 말입니다. 그러나 조직이 더 높은 성과를 내기 위해서, HR 부서가 조직 전체에 긍정적인 영향력을 전파하는 중심이 되기 위해서 꼭 필요한 일입니다. 과중한 노동 강도가 발생하지 않도록 HR 담당자를 충원하고, 단순하고 반복적인 업무는 HR Back Office도 활용할 수 있어야 합니다. HRD 정책을 연구하고 실제 교육을 만들어 운영하는 일은 팀원의 업무이고, 경영진의 지원을 받는 일은 HRD, OD 담당 리더의 몫입니다. HR 담당 리더는 HR 팀의 성과를 경영진과 재무회계 부서에서 인정받고 충분한 지원을 이끌어 내는 사람이어야 합니다.

둘째, 시간이 갈수록 기업은 이익의 극대화, 기업 가치 Market Cap.의 상승이라는 두 가지 핵심 목표에만 우선순위를 두고 있습니다. 기업 문화, 사회적 책임 등 당장 기업의 이익 실현과 연관성이 떨어지는 문제는 주목받기 어려운 환경으로 변하고 있습니다. 눈에 보이는 회사의 주인은 주주이지만, 주주에게 수익을 실현시켜 주는 사람은 조직의 구성원입니다. 갈수록 눈에 보이는 두 가지 목표, 이익의 극대화, 기업 가치의 상승, 두 가지만 강조되고 있어 아쉬움이 있습니다.

셋째, 아직은 좋은 경험을 하거나 좋은 사례에 대한 노하우가 짧습니다. 연도별로 매출액을 기준으로 세계 500대 기업을 발표하는 Fortune Global 500에 한국 기업들이 점점 증가하고 있습니다. 짧은 시간에 빠른 성장을 통해 매출액 기준으로 세계 상위권에 속하는 기업들이 늘고 있지만, 눈에 보이지 않는 소프트파워, 인재 개발을 위한 노력은 측정되지 않을뿐더러, 실제로 우리 기업들이 역사가 긴 해외의 기업에 비해서 앞서 간다고 할 수 없습니다. 하루아침에 달성할 수 있는 일이 아닌 만큼 지금부터라도 좋은 Empathy를 나누고 발전시킬 수 있는 문화를 만드는 노력을 시작해야 합니다.

팬데믹으로 일상의 많은 부분이 바뀌는 경험을 했습니

다. 회사와 학교의 모습도 많이 바뀌었습니다. 정해진 퇴근 시간에 회사 건물을 나가기만 하면 퇴근할 수 있었던 방식과 다른 재택근무 상황에서 디지털 퇴근 방법, 빈번한 대면 영업을 통해 성과를 내야 했던 영업사원이 비대면 상황에서도 성과를 내야 하는 마케팅 방법, 집합교육이 비대면 온라인 교육으로 바뀌었을 때 교육방법 등 기업은 사람과 관련한 모든 영역에서 변화를 겪었습니다. HR 담당자는 Empathy 역량을 발휘하여 직원의 상황으로 감정이입을 하고 변화하는 상황에 맞는 교육 방식을 생각해야 할 시점입니다.

사실, 인재 확보와 유지는 기업의 전부라고 해도 되는 시대를 살고 있습니다. 기업의 기술력이 가장 중요하지만, 기술력 역시 결국 사람으로부터 나오는 것입니다. 조직에서 사람을 연구하고 정책을 제시하는 일은 유능한 HR 전문가의 존재 이유입니다. 어학능력, 업무경력, 학위, 자격증과 같이 중요한 HR 담당자의 역량은 Empathy가 아닐까요?

① 우리 HR 팀의 Staffing과 Manning에 대해 어떻게 생각하나요?

② 힘든 퇴사와 이직 과정을 혼자 버텨냈었나요?

③ 직원과의 첫 만남, 채용 단계부터 모든 업무 과정에 중요한 Empathy.

마지막
세 줄 요약

2022년 봄, 카카오 플랫폼 브런치에서 저의 글을 발견하고 출간을 제안해 주신 플랜비디자인에 감사드립니다. 책이 나오기까지 함께 생각하고 애써주신 이유림 실장님, 임주성 본부장님, 정대망 편집자님, 김민숙 님, 박은진 디자이너 님, 안보라 마케터님께 감사의 말을 전합니다.

　마지막으로, 대기업 인재개발팀에서 근무했던 경험과 인적자원개발 대학원에서 공부한 내용을 집필 과정 내내 조언해 주고 함께 토론해 준 아내에게 고마움을 전합니다.

☑ **세줄요약**

① 감사합니다.

② 적당한 분량의 질문있으시면 calllas@naver.com으로 이 메일 주세요.

③ 책으로 인연이 되어 여기까지 읽어주신 독자님의 건강을 진심으로 기원합니다.